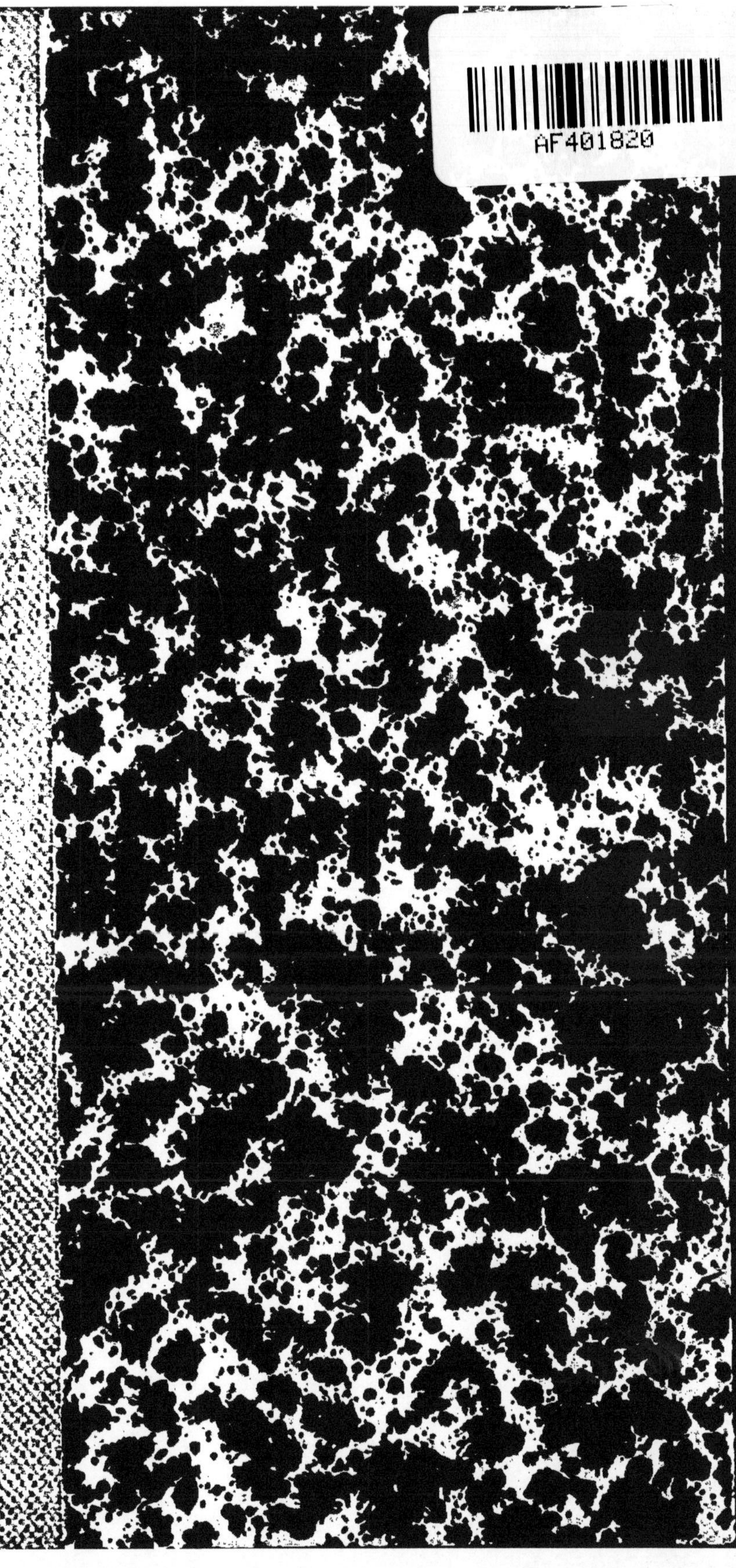

CODE PRATIQUE

DU

FRANÇAIS A L'ÉTRANGER

SUIVI DE FORMULES

PAR

Ernest BÉRILLON

AVOCAT A LA COUR D'APPEL DE PARIS

PARIS

LIBRAIRIE NOUVELLE DE DROIT ET DE JURISPRUDENCE

ARTHUR ROUSSEAU, Éditeur

14, Rue Soufflot et Rue Toullier, 13

—

1896

CODE PRATIQUE

DU

FRANÇAIS A L'ÉTRANGER

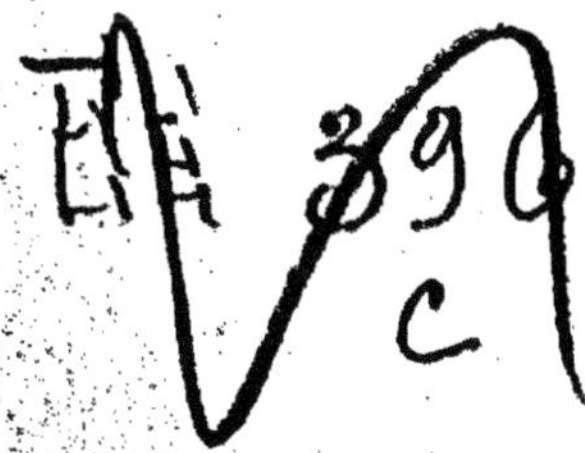

CODE PRATIQUE

DU

FRANÇAIS A L'ETRANGER

SUIVI DE FORMULES

PAR

Ernest BÉRILLON

AVOCAT A LA COUR D'APPEL DE PARIS

PARIS

LIBRAIRIE NOUVELLE DE DROIT ET DE JURISPRUDENCE

ARTHUR ROUSSEAU, Éditeur

14, Rue Soufflot et Rue Toullier, 13

—

1896

AVERTISSEMENT

Ce petit « Code pratique du Français à l'étranger » n'a pas la haute prétention de se présenter comme un livre de droit, suivant l'acception que nous donnons d'ordinaire à ce mot. Les gens du métier n'y trouveront rien qu'ils ne connaissent à merveille. Notre seul désir est qu'ils puissent en tirer parti comme d'une sorte de vocabulaire leur offrant, en un nombre de pages restreint, le plus grand nombre possible de renseignements susceptibles d'aider leurs souvenirs, et de leur épargner des recherches plus longues.

Mais ce livre s'adresse surtout aux Français qui résident à l'étranger ou qui y voyagent pour leurs affaires ou pour leur plaisir. Si l'on songe aux difficultés multiples qui assiègent chaque citoyen dans son pays même dès qu'il se trouve dans l'obligation d'entrer en contact avec les lois — qu'il ne peut prétendre ignorer — soit pour se soumettre exactement à leurs prescriptions, soit pour invoquer leur secours ; on peut se rendre un compte exact de l'embarras de ce même citoyen lorsque, loin de son pays, il doit se conformer, d'une part à sa loi nationale pour conserver ses droits d'origine, et en même temps obéir aux lois du pays où il est établi, afin de justifier ainsi l'hospitalité qu'il y trouve.

Les Français, en général, trouveront dans le « *Code pratique* » des renseignements utiles sur *la naissance, la nationalité, la naturalisation, l'absence, le mariage, la propriété littéraire,* etc, etc.

Les commerçants, en particulier, pourront consulter les chapitres relatifs *aux brevets, aux marques de fabrique, à la caution judicatum solvi, aux lettres de change, au droit maritime,* etc. etc.

Enfin, nous avons cru devoir développer spécialement un chapitre sur les attributions des Consuls, auprès desquels le Français doit toujours, en toute circonstance, trouver aide et protection.

Dans un appendice, nous avons signalé au lecteur quelques dispositions pénales des principaux Codes étrangers, car, dans tous les pays il est posé en principe que « *nul n'est censé ignorer la loi* ».

Au résumé, notre but modeste est de mettre entre les mains des Français voyageant ou résidant à l'étranger, une sorte de table des matières à consulter dans les cas embarrassants.

Nous serons heureux si le « Code pratique » répond à notre intention.

E. B.

CHAPITRE I

LA NAISSANCE

Les naissances doivent être déclarées, dans les trois jours de l'accouchement, à l'officier de l'état civil, par le père, ou, à son défaut par les docteurs, sage-femme, ou autres personnes y ayant assisté. Si la naissance s'est produite hors du domicile de la mère, la déclaration sera faite par la personne chez laquelle l'accouchement aura eu lieu.

Le défaut de déclaration dans le délai de la loi entraînerait une pénalité assez rigoureuse : de six jours à six mois de prison et une amende de seize à trois cents francs.

Il était autrefois nécessaire de présenter l'enfant à l'officier de l'état civil; on a renoncé à cette coutume légale qui n'était pas sans de graves dangers pour le nouveau-né, et la constatation se fait maintenant à domicile.

L'acte de naissance est dressé en présence de deux témoins mâles et majeurs; il indique le jour, l'heure et le lieu de la naissance, le sexe de l'enfant

1.

et ses prénoms, ainsi que les noms, prénoms, professions, demeures des parents et des témoins.

Il arrive parfois que des parents, entraînés par l'ardeur de leurs convictions politiques, n'hésitent pas à infliger à leurs enfants des prénoms qui n'en sont pas. L'officier de l'état civil, dans ce cas, peut et doit refuser d'inscrire ces noms, quelque sonores qu'ils soient ou quelque patriotiques qu'ils puissent paraître. Ainsi le veut la loi du 11 germinal an IX.

Si la naissance se produit au cours d'un voyage en mer, l'acte en sera dressé dans les vingt-quatre heures en présence du père, s'il est présent, et de deux témoins pris parmi les officiers du bâtiment. L'acte est rédigé, sur les navires nationaux, par l'officier d'administration de la marine, et sur les autres par le capitaine, maître ou patron. L'acte de naissance est inscrit à la suite du rôle d'équipage.

Au premier port où aborde le bâtiment, l'officier de l'administration de la marine, ou le capitaine (maître ou patron), doit déposer deux expéditions authentiques des actes de naissance qu'ils ont rédigés, au bureau du préposé à l'inscription maritime, si l'on se trouve dans un port français, et, si l'on est dans un port étranger, entre les mains du consul.

La naissance d'un enfant français en pays étranger doit être déclarée au consul de France.

L'intervention des consuls, en matière d'actes de l'état civil, est réglée par l'ordonnance du 23 octobre 1833. Ils doivent inscrire tous ces actes à la suite, sans aucun blanc, et en transmettre immédiatement une expédition au ministre des affaires étrangères.

Les expéditions délivrées par les chanceliers et visées par les consuls, ont la même valeur et font la même foi que celles qui sont délivrées en France par les officiers de l'état civil.

Lorsque les consuls se font remettre, conformément à la loi, par les capitaines des bâtiments qui abordent dans leur port de résidence, les actes de naissances survenues pendant le voyage, ils doivent avoir soin de constater dans leur procès-verbal les irrégularités qu'ils peuvent avoir remarquées. Cette prescription a la plus haute importance ; en effet, aucun acte de l'état civil reçu dans les consulats ne pourra, sous prétexte d'omission, d'erreur ou de lacune, être rectifié, autrement que par un jugement émané des tribunaux.

Il n'est pas sans intérêt d'indiquer les dispositions de la loi relatives aux enfants trouvés. Toute personne qui aura trouvé un enfant nouveau-né sera tenue de le remettre à l'officier de l'état civil, ainsi que les vêtements et autres effets trouvés avec l'enfant, et de déclarer toutes les circonstances de temps ou de lieu de la découverte. Il en sera dressé un procès-verbal détaillé qui sera inscrit sur les registres.

Quiconque, ayant trouvé un enfant, ne se conformerait pas exactement à la loi, serait passible d'une peine de six jours à six mois de prison et d'une amende de 16 à 300 francs (art. 347 du Code pénal).

CHAPITRE II

LA NATIONALITÉ

Notre but étant surtout, ainsi que l'indique notre programme, d'étudier la situation du Français à l'étranger, nous passerons rapidement sur l'examen des conditions auxquelles on est, on devient, ou l'on redevient Français ; mais nous expliquerons au contraire avec quelque développement les causes qui font perdre la qualité de Français, et les effets de la perte de cette qualité.

Les questions et les difficultés que peut faire naître la nationalité sont résolues par les lois récentes du 26 juin 1889 et 22 juillet 1893.

Sont Français :

1o Tout individu né d'un Français en France, ou même à l'étranger. Au cas où pendant la grossesse le père viendrait à changer de nationalité, on s'est demandé à quelle époque il faut se placer pour fixer la nationalité de l'enfant. L'ancienne jurisprudence française assimilait le cas à celui de l'enfant d'une esclave en droit romain : si pendant la grossesse ou au moment même de la conception la femme avait été libre, ne fût-ce qu'un instant, l'enfant naissait libre, la mère fut-elle définitivement esclave au moment de l'accouchement. Par analogie, notre ancien droit déclarait français l'enfant d'un homme qui avait été Français, ne fût-ce qu'un moment, entre la conception et la naissance. Mais actuellement une autre opinion plus rationnelle a prévalu, et l'enfant n'est Français par la naissance que si le père est lui-même Français au moment même de l'accouchement.

2° Tout individu né en France de parents inconnus ou dont la nationalité est inconnue.

3° Tout individu né en France de parents étrangers dont l'un y est lui-même né. Dans ce cas, si c'est la mère qui est née en France, l'enfant a le droit de repousser la qualité de Français dans l'année qui suivra sa majorité. Il est vrai que les représentants du mineur (père, mère, tuteur) ont le droit de renoncer pour lui et par anticipation à la faculté de répudiation de la nationalité française. Cette renonciation se fait devant le juge de paix de la résidence du mineur.

4° Tout individu né en France d'un étranger, et qui, à l'époque de sa majorité, est domicilié en France, à moins que dans l'année de sa majorité il n'ait répudié la qualité de Français ; il doit alors prouver, par une attestation de son gouvernement, qu'il a conservé la nationalité de ses parents ;

5° Les étrangers naturalisés. Nous parlerons plus loin de la naturalisation, de sa procédure et de ses effets.

Deviennent Français ;

1° La femme étrangère qui épouse un Français. — Certains pays considèrent que la femme, en épousant un étranger, ne perd pas sa nationalité d'origine. Il en résulte que les femmes de ces pays, lorsqu'elles épousent un Français, acquièrent une seconde nationalité sans perdre la première. Nous aurons l'occasion d'étudier ces cas spéciaux, et de citer quelques espèces intéressantes.

2° Les enfants mineurs d'un père ou d'une mère survivant qui se font naturaliser Français, à moins que, dans l'année qui suivra leur majorité, ils ne déclinent cette qualité.

Si la loi française s'est montrée large et accueillante pour tous ceux qui, à un titre quelconque, peuvent avoir intérêt à se réclamer d'elle pour acquérir notre nationalité, elle s'est montrée sévère pour tous ceux qui, l'ayant acquise, n'hésitent pas à la répudier.

Perdent la qualité de français :

1° Le Français naturalisé à l'étranger, ou celui qui acquiert sur sa demande la nationalité étrangère par l'effet de la loi (1).

Il faut ici distinguer : s'il s'agit d'une naturalisation, la perte de la qualité de Français est complète et absolue. Mais, si le Français a simplement obtenu la jouissance des droits civils que les étrangers n'ont pas d'ordinaire, ou la simple autorisation d'établir son domicile, la loi française ne considère pas qu'il ait perdu sa nationalité.

2° Le Français qui, ayant accepté des fonctions publiques conférées par un gouvernement étranger, les conserve malgré l'injonction du gouvernement français de les résigner dans un délai déterminé.

Il ressort de cette disposition qu'un Français peut bien accepter à l'étranger des fonctions publiques sans perdre sa qualité de Français, mais à condition qu'il n'hésite pas à abandonner ces fonctions au premier avertissement.

3° Le Français qui, sans autorisation du gouvernement, prend du service militaire à l'étran-

(1) Les demandes d'autorisation de se faire naturaliser à l'étranger sont très rares en France ; depuis 1889 elles ont varié entre 0 et 4 par an.

ger. Les citoyens français qui veulent, sans encourir la déchéance de leur nationalité, offrir à l'étranger leurs services militaires, doivent adresser une demande au ministre de la justice. L'autorisation est accordée par décret et donne lieu au paiement d'une taxe importante.

4° La femme française qui épouse un étranger. Cependant, si, en vertu de la loi nationale du mari, la femme n'acquiert pas la nationalité de son époux, elle reste Française. Cette exception est rare, à la vérité ; elle se présenterait cependant au cas où la femme française épouserait un Argentin, un Ottoman, ou un citoyen de la République du Salvador.

5° Quiconque trafique des esclaves ou en possède en pays étranger. Nous devons dire à ce sujet que la loi actuelle de 1889 n'a pas parlé de cette cause de déchéance. Mais ce silence même est une raison pour nous d'affirmer que le décret du 5 mars-27 avril 1848, n'a pas été abrogé. Or, ce décret, véritable monument de l'humanité et des grandes idées libertaires de la République, œuvre d'Arago, de Louis Blanc, de Lamartine et des autres membres du gouvernement provisoire, portait la déchéance de la nationalité française pour quiconque oserait à l'avenir pratiquer l'esclavage.

Déchéance et réintégration

Il eût été profondément injuste de faire rejaillir la déchéance d'un seul sur toute la famille ; malgré le principe en vertu duquel la nationalité du chef de famille s'applique aux siens, le législateur a décidé que la perte de la qualité de Français éprouvée par le père n'aurait d'effet qu'à son égard.

Cette déchéance, toute personnelle, ne peut pas, par suite, avoir d'effets rétroactifs. S'il en était autrement, on arriverait à décider que les enfants nés avant la déchéance du père cessent en même temps que lui d'être Français ; bien plus, que la femme étrangère — (hypothèse) — qui par son mariage avec lui est devenue Française, cesse de l'être et recouvre sa nationalité d'origine.

Quant aux enfants qui naîtront après la perte de la nationalité française du père, il est bien entendu qu'ils naîtront étrangers. Toutefois, ils seront enfants d'un ex-français, et ils pourront alors invoquer la loi de 1889, article 10, c'est-à-dire, qu'il leur sera permis de réclamer la qualité de Français *à tout âge,* à moins cependant que, domiciliés en France à l'époque de leur majorité et appelés sous les drapeaux, ils aient revendiqué la qualité d'étrangers.

Quelles sont maintenant les conditions et les formes de la réintégration dans la qualité de Français ?

S'il s'agit d'un Français qui a perdu sa nationalité pour avoir servi dans une armée étrangère sans autorisation, il lui faudra d'abord obtenir un décret qui lui permette de rentrer en France ; puis il sera soumis, comme un étranger ordinaire, à la procédure de la naturalisation, c'est-à-dire qu'il ne l'obtiendra qu'après trois ans de domicile autorisé, ou après dix ans de résidence non interrompue. Nous indiquerons, dans un prochain chapitre, tous les points intéressants de la procédure de naturalisation en France et dans les principaux pays en relations avec la France.

S'il s'agit d'une femme ayant perdu la qualité de Française par son mariage avec un étranger, ce mariage venant à être dissous par la mort du mari ou par le divorce, elle recouvrera la qualité de Française, avec l'autorisation du gouvernement, mais à la condition expresse qu'elle rentre en France et qu'elle déclare vouloir s'y fixer.

Cette déclaration se fait devant le juge de paix du canton où elle a l'intention d'établir son domicile.

Dans tous les autres cas de déchéance de la nationalité française, la réintégration s'obtient par décret, pourvu que le postulant réside en France.

Les Français qui recouvrent cette qualité après l'avoir perdue acquièrent immédiatement tous les droits civils et politiques, même l'éligibilité aux assemblées législatives.

Les descendants des familles proscrites lors de la révocation de l'Edit de Nantes continuent, sous l'empire de la loi nouvelle, à bénéficier des dispositions du décret de décembre 1790, mais à la condition d'un décret spécial pour chaque demandeur, ce décret ne devant produire d'effet que pour l'avenir.

On sait qu'au moment où le célèbre Edit rendu à Nantes par Henri IV en faveur des protestants fut révoqué par Louis XIV, la grande majorité des protestants français passa à l'étranger. Non seulement alors la France perdait de nombreux citoyens, mais en s'aliénant tant de forces et peut-être tant de talents, elle se créait pour l'avenir les plus graves dangers. Peu à peu, en effet, le souvenir d'une patrie ingrate et marâtre s'effaçait dans l'esprit des exilés, et, après deux générations, les anciennes familles françaises ne comptaient plus que des ennemis de la France.

Les législateurs de 1790 le comprirent fort bien, et ils voulurent combattre, dans la mesure du possible, les résultats de l'œuvre royale. Ils cherchèrent à saisir les liens ténus qui pouvaient encore exister entre la France et ceux qu'elle avait autrefois proscrits, et ils donnèrent à leur tour ce décret de réparation qui prend sa date au 9-15 décembre 1790 :

« Toutes personnes qui, nées en pays étranger, « descendent en quelque degré que ce soit, d'un « Français ou d'une Française expatriés pour « cause de religion, sont déclarés naturels fran-« çais, et jouissent des droits attachés à cette « qualité, si elles reviennent en France, y fixent « leur domicile et prêtent le serment civique. Les « fils de famille ne pourront user de ce droit sans « le consentement de leurs père, mère, aïeul ou « aïeule, qu'autant qu'ils seront majeurs et jouis-« sant de leurs droits. »

Nous avons vu que ce décret, loin d'être abrogé par la loi nouvelle, y puisait au contraire une nouvelle vigueur (1).

____

(1) Cinq descendants de familles proscrites lors de la Révocation de l'Édit de Nantes, ont été déclarés Français par application de l'art. 4 de la loi du 26 juin 1889. — (Rap-

CHAPITRE III

LA NATURALISATION

I. — En France

Dans notre droit ancien, la naturalisation résultait des *lettres de naturalité*, délivrées par le roi seul. Ces lettres étaient révocables, et constituaient pour l'étranger l'unique moyen d'acquérir la nationalité française.

Notre législation actuelle, plus accueillante, offre de nombreux moyens de naturalisation, et celle-ci, une fois obtenue, demeure irrévocable.

Ainsi, peuvent être naturalisés :

1° Les étrangers qui ont obtenu l'autorisation de fixer leur domicile en France, après trois ans de domicile à partir de l'enregistrement de leur demande au ministère de la justice ;

port de M. La Borde, directeur des affaires civiles et du sceau, au Ministre de la Justice, pour l'année 1893.) — Six ont été réintégrés en 1894. — (id.)

2° Les étrangers qui peuvent justifier d'une résidence non interrompue pendant dix ans ;

3° Les étrangers admis à fixer leur domicile en France, après un an, s'ils ont rendu des services importants à la France, s'ils y ont apporté des talents distingués, ou s'ils y ont introduit soit une industrie, soit des inventions utiles, ou s'ils ont créé des établissements industriels ou autres, ou s'ils ont été attachés à un titre quelconque au service militaire dans les colonies et les protectorats français ;

4° Egalement après une année de domicile autorisé, l'étranger qui a épousé une Française.

L'étranger ne peut être naturalisé que s'il est majeur et capable d'après la loi française, c'est-à-dire âgé de vingt et un ans accomplis. Il doit également justifier d'une bonne moralité ; d'ailleurs, une enquête est faite à ce sujet par les soins du gouvernement dès le dépôt de la demande.

L'étranger qui veut obtenir la naturalisation doit adresser sa demande, sur papier timbré de 0 fr. 60 c., au ministre de la justice. Il s'engage, dans cette demande, à payer les droits de sceau montant à 175 fr. 25. Joindre l'acte de naissance avec sa traduction si cette pièce est en langue étrangère (la traduction doit être faite par un traducteur-juré) ; joindre également un extrait du casier judiciaire.

Si l'étranger qui sollicite sa naturalisation prétend en faire bénéficier ses enfants mineurs, il doit joindre à sa demande les actes de naissance de ses enfants.

Il doit en outre établir qu'il se trouve bien dans les conditions requises par la loi. Par exemple, s'il demande sa naturalisation immédiate, c'est-à-dire dispensée de l'autorisation de domicile, il doit prouver par pièces et documents qu'il a habité sans interruption la France pendant dix ans et qu'il y réside encore.

L'étranger qui a épousé une Française et demande la naturalisation après un an de domicile autorisé doit produire l'acte de naissance de sa femme et de son beau-père, afin de bien établir l'origine française de sa femme.

Au cas où il serait impossible de produire les actes de l'état civil exigés, il y sera suppléé par un acte de notoriété délivré par le juge de paix sur la déclaration et en présence de sept témoins.

Une enquête a lieu sur la conduite et la moralité, ainsi que sur les ressources et moyens d'existence du demandeur en naturalisation. Puis, si l'enquête est favorable, la demande est accordée par un décret du président de la République, sur le rapport du ministre de la justice. La naturalisation ne commence à produire effet qu'à partir de l'insertion du décret au *Bulletin des Lois*.

La simple demande d'admission à domicile est également formulée sur papier timbré, adressée au ministre de la justice ; il y est joint l'acte de naissance et sa traduction, ou, à son défaut, un acte de notoriété et un extrait du casier judiciaire. Il est statué après enquête, par décret. Dans le cas où l'étranger admis à domicile ne demanderait pas la naturalisation dans le délai de cinq ans à partir de son admission, l'effet de l'autorisation cesse de plein droit ; il en serait de même au cas où sa demande, formulée dans le délai voulu, ne serait pas admise.

Les droits de sceau, pour la demande d'admission à domicile s'élèvent, comme pour la naturalisation, à 175 fr. 25. Il est d'ailleurs possible d'en obtenir la remise partielle ou totale (1).

(1) En vertu de la loi nouvelle, il a été accordé 5,984 naturalisations françaises pendant l'année 1890, et 4,212 pendant l'année 1893. — Le chiffre remonte à 5,759 en 1894.

II. — En Europe

En Allemagne, il faut, pour obtenir la naturalisation, adresser une demande au préfet du département dans lequel on désire se fixer ; posséder dans cet endroit une habitation ou tout au moins une location. Le préfet procède à une enquête sur la moralité, sur les moyens d'existence, sur tous les faits qui peuvent révéler l'intention sérieuse de l'impétrant de s'établir en Allemagne. Il n'y a pas de condition de stage imposée ; cependant, on considère dans la pratique qu'une résidence de six mois est nécessaire.

Le majeur de vingt et un ans seul peut être naturalisé. Mais une étrangère qui épouse un Allemand devient Allemande *ipso facto*.

En Autriche-Hongrie ; élire domicile dans le pays pendant dix ans ; puis, adresser une demande aux autorités provinciales qui procèdent à une enquête ; enfin, prêter serment de fidélité à l'empereur.

En Angleterre, l'étranger doit prouver que, pendant les huit dernières années écoulées, il a séjourné au moins cinq ans dans le pays. Une enquête est faite, et le certificat de naturalisation est accordé ou refusé sans explications. Lorsqu'il est accordé, le naturalisé doit faire, sous serment, la promesse de résider perpétuellement en Angleterre ou dans les possessions anglaises.

Le retour du naturalisé dans sa patrie d'origine entraîne la nullité de la naturalisation.

En Belgique, on distingue la grande et la petite naturalisation. La grande, qui ne peut être accordée que pour services exceptionnels rendus à l'État, donne au naturalisé tous les droits politiques et l'assimile entièrement au citoyen belge.

Pour obtenir la naturalisation ordinaire, il faut être majeur de vingt et un ans, avoir cinq ans de séjour. Elle résulte, après rapport d'une commission, d'un vote des Chambres promulgué par le roi.

Un déserteur ne serait pas admis à la naturalisation pour cause d'indignité.

En Espagne, on distingue quatre classes de naturalisation :

1° Universelle, qui confère tous les droits ecclésiastiques et séculiers ;

2° Naturalisation réduite, qui ne donne que les privilèges d'ordre séculier ;

3° et 4° Naturalisation mixte, qui confère une partie des droits des deux ordres.

Les trois premières ne peuvent être accordées que par une loi ; le roi peut conférer la dernière avec avis du Conseil d'État.

La demande est adressée au ministre de l'intérieur : elle doit contenir les raisons qui font rechercher la nationalité espagnole. L'impétrant doit y joindre son acte de naissance.

En Grèce, l'étranger doit adresser sa demande à la municipalité du lieu où il entend établir son domicile. Il doit habiter la Grèce pendant trois ans, puis prêter, devant le monarque, serment de sujet hellène. Lorsque l'étranger apporte dans le pays une invention utile, qu'il y installe une industrie nouvelle, ou qu'il y exerce des talents exceptionnels, il peut être naturalisé par une loi dès qu'il a fixé son domicile en Grèce.

En Italie, le système de la naturalisation est semblable par bien des points au système belge. C'est ainsi qu'on distingue la grande et la petite naturalisation ; la première est consentie par un acte spécial du pouvoir législatif, c'est-à-dire par une loi, et confère tous les droits politiques sans exception. La seconde est accordée par simple décret du roi, et confère tous les droits à l'exception de l'électorat politique et du droit d'être juré.

La loi n'impose pas de stage de domicile.

En Norwège, la naturalisation s'acquiert pour ainsi dire insensiblement. Elle résulte de l'installation du domicile en Norwège avec intention manifeste de l'y conserver. Après deux ans de résidence, l'étranger a le droit de secours dans son district ; après cinq ans, il est électeur à condition de prêter serment à la Constitution ; enfin, après dix ans, il a droit à l'*indigénat*.

En Roumanie, après dix ans de résidence effective, on adresse au prince une requête indiquant la profession et la fortune du postulant, ainsi que son intention de s'établir définitivement en Roumanie. L'Assemblée législative, le Conseil d'État entendu, accorde les lettres de naturalisation qui sont promulguées par le prince.

En *Russie*, l'étranger qui veut acquérir la nationalité russe doit obtenir du gouvernement provincial l'autorisation d'établir son domicile dans l'empire ; puis, après cinq ans de résidence, adresser une demande au ministre de l'intérieur, et prêter serment de sujétion à l'empereur. Le temps de résidence peut être abrégé en faveur de l'étranger qui a rendu des services importants à l'État par ses talents ou son érudition.

La femme étrangère qui épouse un Russe devient Russe sans la prestation d'aucun serment,

2.

mais après la dissolution du mariage elle n'a qu'à quitter le pays pour perdre sa nationalité russe.

La naturalisation obtenue par un mari s'étend à sa femme, sans s'étendre à ses enfants déjà nés.

En *Suisse*, l'étranger qui désire obtenir la nationalité suisse doit demander au Conseil fédéral l'autorisation de se faire recevoir citoyen d'un canton et d'une commune. (Loi fédérale du 3 juillet 1876).

Le requérant doit joindre à sa demande, écrite sur une feuille double de papier non timbré, son acte de naissance; il doit indiquer en outre sa profession, et faire connaître s'il est célibataire, marié, veuf ou divorcé, et s'il a des enfants. S'il est marié, il doit produire son acte de mariage et l'acte de naissance de sa femme; s'il a des enfants, l'acte de naissance de chacun d'eux. Le veuf doit produire, en outre, l'acte de décès de son conjoint, et l'époux divorcé, une expédition authentique du jugement qui a prononcé le divorce.

Le requérant doit prouver qu'il habite la Suisse et qu'il y a son domicile ordinaire depuis deux ans. Il doit produire, à cet effet, un acte constatant que durant la période de deux ans qui a précédé immédiatement sa demande il a résidé en Suisse d'une manière continue. Cet acte est délivré par la police des cantons, ou par l'autorité compétente de la commune.

Les Français soumis aux obligations du service militaire pour l'armée active et la réserve doivent produire l'autorisation de leur gouvernement. Les Français ayant passé l'âge de trente ans, doivent fournir la preuve qu'ils ont satisfait à leurs devoirs militaires en France.

La naturalisation suisse peut encore être accordée :

1º Aux enfants d'étrangers nés sur territoire suisse, et y ayant toujours résidé ;

2º Aux personnes nées du mariage d'une Suissesse avec un étranger ;

3º Aux étrangers qui ont épousé une Suissesse ;

4º Aux étrangers revêtus en Suisse de fonctions publiques ;

5º Aux étrangers qui ont quitté leur pays pour venir habiter la Suisse avant d'être portés sur les contrôles de recrutement de leur pays d'origine ;

6º Aux étrangers qui ont dépassé l'âge du service militaire actif dans leur pays d'origine.

S'il le juge nécessaire, le département fédéral des affaires étrangères exigera des candidats à la naturalisation qu'ils prennent l'engagement de supporter seuls les conséquences de leur naturalisation en Suisse, au point de vue de leurs rapports avec leur pays.

Toutes les pièces rédigées en une autre langue que l'allemand, le français, l'italien, ou le latin, doivent être accompagnées d'une traduction officielle dans l'une de ces quatre langues.

La délivrance de l'autorisation d'acquérir le droit de cité suisse donne lieu à une taxe de 35 francs.

En *Turquie*, la naturalisation peut être accordée à l'étranger majeur suivant la loi de son pays, qui a habité l'empire ottoman pendant cinq années consécutives. Le postulant adresse sa demande au ministre des affaires étrangères en y joignant son acte de naissance et les pièces établissant son séjour. Le gouvernement impérial peut, usant de faveur exceptionnelle, accorder des lettres de naturalisation sans que les conditions de stage aient été remplies.

III. — Hors d'Europe

États-Unis d'Amérique. — Le postulant doit faire, deux ans avant son admission, devant l'une des Cours de justice des États, déclaration de sa ferme volonté de devenir citoyen des États-Unis ; par le même acte il renonce à tous les liens de sujétion avec le pays auquel il appartient.

Il doit renouveler cette déclaration au moment de son admission, puis prouver devant la cour de justice qu'il a résidé pendant cinq ans au moins aux États-Unis ; il doit établir sa bonne conduite et son attachement fidèle à la Constitution.

Mexique. — La naturalisation expresse s'accorde aux étrangers qui sont en mesure de vivre honorablement de leur état ou de leur industrie ; la naturalisation tacite s'applique à l'étranger qui accepte une charge ou un emploi public, ou qui épouse une Mexicaine en déclarant vouloir se fixer sur le territoire de la République.

Deviennent Mexicains de droit, par le seul effet de la loi, les étrangers qui acquièrent des immeubles sur le sol mexicain.

Guatelama. — Les seules conditions requises sont d'exercer une profession ou une industrie, ou de posséder une propriété. C'est la Chambre des représentant qui accorde les lettres de naturalisation. La nomination à des fonctions publiques entraîne naturalisation.

Brésil. — L'étranger qui sollicite la naturalisation doit établir qu'il réside depuis deux ans au moins au Brésil. Des dispenses de résidence peuvent être cependant accordées à celui qui épouse une Brésilienne, à celui qui possède des immeubles dans le pays, qui y a apporté une industrie nouvelle, ou qui a montré des talents exceptionnels. Les lettres de naturalisation sont exemptes de tout impôt, mais elles payent le timbre.

Paraguay —Il faut avoir résidé deux ans dans le pays ; y posséder des biens immeubles ou un capital en circulation, professer une science, exercer un art ou une industrie. La naturalisation peut être accordée par faveur spéciale, par délibération du Congrès.

Pérou. —L'étranger doit être majeur de vingt et un ans, résider au Pérou et s'inscrire au registre civique ; il doit exercer un métier, une profession ou une industrie quelconque. Le naturalisé ne peut être député, sénateur, président ou ministre d'État.

Vénézuéla. — La naturalisation proprement dite n'existe pas. Il suffit, en effet, de mettre le pied sur le sol de la République pour acquérir immédiatement la nationalité vénézuélienne. Cette excessive hospitalité ne va pas sans quelques inconvénients ; c'est pourquoi le gouvernement français a dû faire insérer au *Journal officiel*, le 20 mai 1875, l'avis suivant :

« Les étrangers qui émigrent au Vénézuéla ac-
« quièrent la nationalité vénézuélienne par le seul
« fait de leur arrivée sur le territoire de la Répu-
« blique. Il en résulte que les Français qui se
« rendront dans ce pays en qualité d'émigrants
« ne sauraient compter sur la protection de nos
« agents consulaires pour obtenir des autorités
« vénézuéliennes le passeport dont ils auraient
« besoin dans le cas où ils voudraient rentrer en
« France. »

Japon. — La naturalisation n'existe pas encore; mais nous savons de source certaine qu'une loi est en préparation à ce sujet.

Perse. — La naturalisation est régie par une loi nouvelle du 7 août 1894, dont les tendances sont étrangement européennes. Des préoccupations juridiques de cet ordre ne hantent que les peuples conscients d'eux-mêmes et de leur valeur ; il appartenait à la Perse, qui se souvient des antiques grandeurs de son histoire, de devancer dans cette voie de civilisation, les autres nations de l'Orient.

IV. En Perse (1)

La loi du 7 août 1894 qui régit la matière, comporte quinze articles.

I. — Tout individu né en Perse est sujet Perse ; cependant, s'il est prouvé et dûment constaté que les parents, ou le père seulement du nouveau-né, sont étranger, l'enfant naît étranger.

II. — Les enfants des sujets étrangers, qui sont nés sur le territoire perse, ont le droit, à l'époque de leur majorité, de revendiquer la nationalité persane. La majorité est déterminée, comme dans tous les pays musulmans, par la puberté.

III. — L'étranger qui sollicite la naturalisation doit être majeur suivant la loi persane, avoir résidé pendant cinq années dans la même localité ; il doit établir qu'il n'a pas fui son pays d'origine pour échapper aux conséquences d'un crime, ni pour se soustraire au service militaire.

IV. — Si l'étranger qui sollicite la naturalisation ne remplit pas les conditions de séjour et de

(1) Le texte de cette loi a été publié dans le *Journal officiel* de Téhéran. Nous en devons la traduction à la gracieuse obligeance de S. Exc. le général Nazare-Aga, ministre de Perse à Paris.

majorité imposées par la loi, mais que néanmoins sa demande puisse être considérée comme sérieuse, le gouvernement, après examen, pourra y faire droit.

V. — Les sujets persans qui, après avoir perdu leur nationalité par la naturalisation dans un autre pays, demanderaient leur réintégration, l'obtiendraient sans conditions ni formalités. Le même privilège est accordé aux enfants de ces ex-sujets perses.

VI. — Les femmes étrangères qui épousent des sujets persans suivent la nationalité de leur mari et deviennent persanes. Mais, dans le cas de divorce, ou de décès du mari, si la femme veut dépouiller la qualité de persane, elle n'a qu'à en faire la déclaration : si elle garde le silence, elle demeure sujette persane.

VII. — Si une femme étrangère a épousé un Persan à l'étranger, elle ne pourra acquérir la nationalité persane que si elle vient résider en Perse pour s'y soumettre aux conditions imposées par la présente loi.

VIII. — Les sujets persans qui voudraient se faire naturaliser à l'étranger ne le peuvent qu'aux conditions suivantes : 1° ne pas avoir quitté la Perse pour échapper à l'exécution d'un jugement criminel ou aux obligations du service militaire ; 2° ne pas avoir quitté leur pays d'origine afin de se soustraire au paiement de dettes importantes ; 3° obtenir du souverain l'autorisation d'abdiquer la nationalité persane.

IX. — Au cas où un sujet persan se ferait naturaliser à l'étranger sans en avoir obtenu l'autorisation, il ne lui serait plus permis de rentrer en Perse, quelques considérations qu'il puisse faire valoir d'intérêts ou de liens d'affection. Si, malgré la prohibition de la loi, il rentrait sur le territoire persan, les lois persanes lui seraient appliquées dans toute leur rigueur, sans qu'il puisse invoquer son extranéité.

X. — La naturalisation d'un Persan à l'étranger n'entraîne pas celle de ses enfants, qu'ils soient mineurs ou majeurs. Mais, lorsque les enfants ont acquis leur majorité, ils peuvent opter pour la nationalité de leur père, conformément aux prescriptions de la loi, c'est-à-dire après avoir obtenu l'autorisation du souverain. Quant aux enfants nés après la naturalisation du père, ils naissent et sont étrangers.

XI. — Les Persanes qui épousent des étrangers perdent la nationalité persane. Dans le cas de divorce, où de décès du mari, elles peuvent obtenir sur leur demande, la réintégration dans leur nationalité d'origine, Mais, après un second mariage avec un étranger, elles ne pourraient plus obtenir leur réintégration.

XII. — Les femmes persanes qui, par leur mariage, sont devenues étrangères, n'ont plus le droit de posséder en Perse des biens fonciers tels que villages, fermes, ou autres immeubles. Elles n'ont plus d'autres droits que ceux qui résulteraient pour elles des traités internationaux.

XIII. — Tout individu qui, résidant en Perse, chercherait, dans un intérêt quelconque, à se faire passer pour étranger, devra établir les preuves de son extranéité. A défaut de quoi il sera considéré comme sujet persan et soumis, comme tel, aux lois persanes.

XIV. — Lorsque des étrangers s'établiront en Perse ; qu'ils seront considérés par le Gouvernement, sans protestation de leur part, comme sujets persans ; que la notoriété publique leur attribuera cette qualité ; qu'ils seront possesseurs dans le pays de propriétés foncières, c'est-à-dire qu'ils exerceront ainsi un droit qui n'appartient qu'aux seuls sujets Persans ; ils seront considérés d'une façon définitive comme sujets du royaume, et leur prétention d'extranéité ne saurait être admise en aucun cas par le gouvernement.

XV. — Il reste entendu que les clauses spéciales, contenues aux conventions passées par les gouvernements étrangers, sont et resteront appliquées, nonobstant ce qu'elles pourraient avoir de contraire à la présente loi.

CHAPITRE IV

LES STATUTS

On appelle « statuts » l'ensemble des lois qui régissent, soit les personnes, soit les immeubles. Dans le premier cas, il s'agit des *statuts personnels* ; dans le second, des *statuts réels*.

§ I. — Statuts personnels

Le Code civil s'exprime ainsi, article 3, paragraphe 3 : « Les lois qui se rapportent à l'état et à la capacité des personnes régissent les Français même résidant à l'étranger. » Ces lois, pour ainsi dire inhérentes à l'individu, le suivent partout. En droit international, dès qu'il s'agit de l'état ou de la capacité des personnes, c'est le statut personnel de l'individu qui doit être appliqué par le juge ; bien entendu, le juge n'appliquera la loi étrangère qu'autant que son application n'aura pas pour résultat la violation d'un principe d'ordre public. Supposons, par exemple, qu'une loi d'un pays quelconque autorise la reconnaissance de fants adultérins ou incestueux, c'est en vain que ces enfants invoqueraient en France leur statut personnel pour revendiquer la qualité d'enfants reconnus, car la prohibition d'une telle reconnaissance est, dans la loi française, un principe d'ordre public.

Les différentes lois qui constituent le statut personnel sont celles qui s'appliquent : 1° au mariage et à ses formalités; ainsi un Français se marierait en Angleterre, conformément au lois anglaises, mais sans le consentement de ses pères et mère, bien qu'âgé de vingt et un ans seulement, le mariage, considéré comme valable en Angleterre, serait nul en France ; 2° à la majorité ; cet état varie suivant les pays et selon les cas dans lesquels il est invoqué ; pour le mariage, par exemple, la majorité, en France, est de dix-huit ans pour les hommes et de quinze ans pour les femmes, alors qu'en Autriche elle est de quatorze ans pour les deux sexes; 3° à la filiation naturelle ou légitime; l'exemple que nous donnons sous le n° 1 s'applique également ici; 4° à la puissance paternelle ; 5° à l'adoption ; 6° à l'émancipation ; 7° à l'interdiction ; 8° enfin, à l'exercice des droits civils et politiques qui constitue l'état de citoyen.

En résumé, si un Français se trouvant à l'étranger veut faire un des actes ou exercer un des droits que nous venons d'indiquer, il ne peut le faire valablement qu'en se conformant à la loi française.

§ II. Statuts réels.

On appelle ainsi l'ensemble des lois qui régissent les immeubles sans égard à la qualité des personnes qui les possèdent. Par exemple, tous les immeubles situés en France sont régis par la loi française.

Les lois réelles n'ont point d'extension directe ni indirecte hors la juridiction et le domaine du législateur qui les a établies. Cette règle posée par De Boullenois (1) est aujourd'hui uniformément consacrée dans les différents codes, et l'on admet que les immeubles doivent être régis par la *lex rei sitæ*, c'est-à-dire par la loi du pays où ils sont situés, dans les codes de Bavière, d'Autriche, de Bade, de Pologne, des Pays-Bas, des cantons de Vaud, de Berne et de Fribourg, et d'Italie.

Les statuts réels trouvent leur application dans

______

(1) Jurisconsulte français, avocat au Parlement, 1680-1762.

toutes les matières qui ont les immeubles pour objet, par exemple lorsqu'il s'agit d'aliénation, d'hypothèques ou d'antichrèse, de règlements d'indivision. La matière la plus importante, et sur laquelle nous insisterons, est celle des successions.

La jurisprudence française a décidé que la succession et le partage des immeubles appartenant en France à un étranger décédé soit dans le pays, soit hors des frontières, doivent être régis par la loi française, *même lorsque les héritiers sont étrangers.*

Poussant plus loin les conséquences de ces règles, les tribunaux français se sont déclarés compétents pour connaître même du partage des biens meubles d'un étranger décédé en France lorsque cet étranger y avait son domicile. Un arrêt en ce sens a été rendu par la Cour de Paris, le 13 mars 1850.

Les demandes en partage d'immeubles situés en France et appartenant à la succession d'un étranger mort hors de France doivent être portées devant le tribunal de la situation des biens, et non devant celui du lieu où la succession s'est ouverte. (Arrêt de cassation du 14 mars 1837).

CHAPITRE V

On appelle caution « *judicatum solvi* » la garantie que doit donner un demandeur étranger, pour répondre des frais probables du procès, au cas où il succomberait dans sa demande.

Notre Code civil, art. 16, s'exprime ainsi : « En toutes matières autres que celles de commerce, l'étranger qui sera demandeur sera tenu de donner caution pour le paiement des frais et dommages-intérêts résultant du procès, à moins qu'il ne possède en France des immeubles d'une valeur suffisante pour assurer ce paiement » (1).

Le Code de procédure civile dit également, art. 166 : « Tous étrangers, demandeurs principaux ou intervenants, seront tenus, si le défendeur le requiert, avant toute exception, de fournir caution, de payer les frais et dommages-intérêts auxquels

(1) La loi du 6 mars 1895 applique aux étrangers, *en matière commerciale*, l'article relatif à la caution judicatum solvi.

3.

ils pourraient être condamnés. » — Art. 167 : « Le jugement qui ordonne la caution fixe la somme jusqu'à concurrence de laquelle elle sera fournie »

La caution *judicatum solvi* n'a d'autre but que de protéger le défendeur contre les demandes téméraires d'un étranger qui, n'ayant rien à perdre, ne courrait aucun risque. Il est à remarquer que le défendeur étranger n'est pas tenu à la caution. Les anciens Français qui, pour une cause quelconque (annexion, naturalisation), ont perdu cette qualité, sont astreints, comme demandeurs, à la caution *judicatum solvi.*

La caution doit être fournie devant toutes les juridictions. Elle est due en justice en paix ; devant les tribunaux administratifs (conseils de préfecture, conseil d'État) ; devant les tribunaux de répression correctionnels ou criminels si le demandeur y poursuit la réparation d'un préjudice. (Arrêt de Cassation du 12 février 1864.)

Le défendeur réel a qualité pour réclamer la caution, et il doit le faire *avant toute exception.* Si la demande de caution se produit en justice de paix, elle est faite verbalement ; devant les tribunaux, elle a lieu par acte d'avoué à avoué. La somme fixée par le tribunal est déposée à la caisse des consignations, et le récépissé du dépôt doit être signifié au défendeur par acte d'avoué à avoué.

Indépendamment des cas où le demandeur étranger possède en France des immeubles suffisants, il peut encore être dispensé de la caution, lorsqu'il existe entre la France et son pays des traités stipulant à ce sujet des avantages réciproques. La France a des traités avec :

1° L'Italie (1er septembre 1860).

2° La Suisse (18 juillet 1828).

3° L'Espagne (6 février 1382) (1).

4° La Serbie (18 janvier 1883).

D'autre part, des conventions spéciales sont intervenues, dispensant en France, par réciprocité, de la caution « *judicatum solvi* » les sujets de : Bolivie, Chili, Costa Rica, Equateur, Guatemala, Mexique, Nicaragua, Nouvelle Grenade, Paraguay, Pérou, République dominicaine, République sud-africaine, Russie, Iles Sandwich, San Salvador.

La caution *judicatum solvi* est exigée, dans les termes mêmes de notre code, en Belgique, dans le

(1) Application du traité franco-espagnol, par le Tribunal de la Seine : 22 février 1870 ; 6 février 1874 ; 23 Novembre 1880 ; 8 Juin 1882 ; 10 mars 1883.

grand-duché de Luxembourg, en Pologne, et en République d'Haïti.

En Allemagne, la caution est exigée, à moins que l'étranger demandeur n'appartienne à un pays dans lequel un Allemand serait dispensé de la caution. Elle ne peut être demandée dans les procédures sur titres, sur lettres de change ou billets à ordre, ni dans les demandes reconventionnelles.

En Autriche, non seulement les étrangers demandeurs sont soumis à caution « *judicatum solvi* », mais cette caution est encore exigée des sujets autrichiens eux-mêmes, lorsqu'ils ne possèdent pas une fortune suffisante dans la province où a lieu le procès.

En Angleterre, aux Pays-Bas, en Espagne, en Suisse, les règles de la caution « *judicatum solvi* » sont appliquées. En Serbie, en Grèce et au Brésil, elle est exigée même en matière commerciale.

L'Italie et le Portugal n'admettent en aucun cas la caution « *judicatum solvi* ».

CHAPITRE VI

EXÉCUTION DES JUGEMENTS ÉTRANGERS

§ er I. — Exécution en France des jugements étrangers

On appelle « exequatur » la formule par laquelle un tribunal français ordonne l'exécution d'un jugement rendu par un tribunal étranger.

Le Code de procédure civile, dit dans son article 546 : « Les jugements rendus par les tribunaux étrangers, et les actes reçus par les officiers étrangers, ne seront susceptibles d'exécution en France que dans les cas prévus par les articles 2123 et 2128 du Code civil.

Or, ces articles s'expriment ainsi : « Art. 2123 : L'hypothèque judiciaire ne peut résulter des jugements rendus à l'étranger qu'autant qu'ils ont été rendus exécutoires par un tribunal français. — Art. 2128 : Les contrats passés en pays étrangers ne peuvent donner d'hypothèque sur les biens de la France, s'il n'y a des dispositions contraires à ce principe dans les lois politiques ou dans les traités. »

Disons immédiatement qu'il existe des traités à ce sujet entre la France, l'Italie, l'Allemagne et la Suisse.

Les tribunaux français auxquels est demandé l'exequatur ont le droit et le devoir de vérifier : 1° si l'acte qu'on leurs présente réunit les conditions nécessaires pour constituer un jugement valable et définitif dans le lieu où il est rendu ; 2° s'il est passé en force de chose jugée ; 3° s'il n'est contraire à aucune loi intéressant l'ordre public au point de vue de l'état des personnes ou des biens.

La demande d'exequatur est portée devant la juridiction civile et introduite par la voie d'assignation, et en audience publique. Remarquons ici qu'un Français contre lequel un étranger poursuit en France l'exécution d'un jugement rendu à l'étranger peut exiger de son adversaire la caution *judicatum solvi*.

Les jugements d'exequatur rendus par les tribunaux français peuvent être attaqués par la voie de l'opposition, s'ils ont été rendus par défaut ; par les voies d'appel, si les condamnations excèdent 1,500 fr. en principal ; par la tierce opposition, si le jugement porte préjudice aux intérêts d'une personne qui n'a pas figuré au procès ; enfin, par la requête civile, dans les cas, au nombre de dix, qu'indique l'article 480 du Code de procédure civile.

§ II. — Exécution des jugements étrangers dans les autres pays que la France

1° En Allemagne, la demande d'exequatur est portée devant le tribunal de la région dans laquelle le débiteur a son domicile judiciaire. L'exequatur est refusé si le jugement n'a pas acquis force de chose jugée dans le pays où il a été rendu ; si l'exécution devait contraindre à un acte défendu par la loi allemande ; si le débiteur est Allemand et a fait défaut ; quand la réciprocité n'est pas garantie. Pour poursuivre en Allemagne l'exécution d'un jugement étranger, on doit produire une expédition de ce jugement légalisée par un ambassadeur ou un consul allemand. La demande est introduite par voie de requête.

2° En Angleterre, le moyen pratique d'obtenir un exequatur consiste à remettre à un « solicitor » (avocat- avoué) l'expédition du jugement ; en effet, aucun article des lois anglaises ne vise l'exequatur, et l'on doit s'en rapporter à la jurisprudence extrêmement compliquée. Ce qui est certain, c'est que le jugement doit être passé en force de chose jugée, et avoir été rendu par un tribunal compétent.

3° En Autriche, les conditions sont les mêmes ; l'exequatur est demandé par requête à laquelle on annexe le jugement.

4° En Belgique, la demande est introduite par voie d'assignation. Les jugements français ne sont revêtus de la formule exécutoire qu'après revision du fond même du procès. Les décisions étrangères relatives au statut personnel des parties ont force de loi en Belgique, et n'ont pas besoin d'être soumises aux formalités de l'exequatur.

5° En Espagne, l'exequatur est basé sur la réciprocité, à condition toutefois que le jugement dont il s'agit ait pour objet une action licite en Espagne. La demande est présentée au tribunal suprême de justice qui statue sans recours possible.

6° Aux Etats-Unis, le juge américain rend un jugement de pure forme, susceptible d'appel. Si la partie qui demande l'exécution n'est pas domiciliée dans l'Etat, elle doit fournir caution. Le jugement étranger ne paie aucun droit au fisc américain.

7° En Italie, il suffit de présenter l'expédition authentique du jugement. Les tribunaux peuvent accorder l'exequatur sans s'occuper de savoir s'il y a réciprocité entre les deux pays, ou s'il existe des traités. Quant toutes les parties en cause déclarent accepter la décision étrangère, le tribunal accorde l'exequatur sans aucun examen.

8° Au Mexique, l'exequatur n'est accordé qu'aux jugements concernant des actions personnelles : il serait refusé à une décision étrangère rendue en matière de succession relative à des immeubles situés sur le sol mexicain.

9° En Russie, la requête est adressée au tribunal civil d'arrondissement. On y annexe la copie du jugement certifiée par le tribunal dont il émane, une traduction en langue russe, et la copie de ces documents. La jurisprudence russe décide que l'exequatur ne peut être accordé qu'à des jugements rendus dans des pays avec lesquels des traités ont été passés à ce sujet.

10° En Suède et en Norvège, c'est le principe de la réciprocité qui détermine les règles de l'exequatur.

11° En Turquie, les jugements rendus à l'étranger sont exécutés à la requête des consuls des différents États, chacun en ce qui concerne leurs sujets respectifs. Il n'y a pas de procédure spéciale ; les consuls n'ont qu'à produire une expédition authentique et légalisée de la sentence à exécuter. Un jugement rendu à l'étranger pour ou contre un sujet ottoman est considéré, en Turquie, comme nul et sans valeur ; les lois turques, en effet, n'admettent pas qu'une contestation intéressant un sujet ottoman puisse être tranchée par d'autres tribunaux que les tribunaux ottomans.

CHAPITRE VII

L'EXTRADITION

L'extradition est la remise d'un individu — accusé ou reconnu coupable d'un crime ou d'un délit — par un Etat à un autre Etat qui est compétent pour le juger ou le punir.

Lorsque l'individu réclamé appartient à un Etat autre que celui qui demande l'extradition, et autre que celui où il s'est refugié, son Etat d'origine est consulté et doit donner son avis.

Les crimes et les délits de droit commun donnent seuls lieu à l'extradition ; elle ne saurait être accordée pour les contraventions, non plus que pour les crimes ou délits politiques, ou la désertion. Bien plus, si un déserteur est poursuivi pour d'autres motifs de droit commun, le pays qui réclame l'extradition doit s'engager à ne pas juger l'extradé du chef de désertion. Les délits de presse sont assimilés aux délits politiques.

L'extradition demandée contre l'auteur principal d'un crime peut s'étendre à ses complices.

Toute demande d'extradition faite à la France

doit être transmise par la voie diplomatique. Le procureur de la République interroge immédiatement l'inculpé ; au cas où celui-ci consent à être livré au pays qui le réclame, le procureur dresse simplement procès-verbal de cette déclaration en double original, dont l'un est remis à la chancellerie, et l'autre à l'autorité administrative qui se charge de la remise de l'extradé aux autorités étrangères.

L'Angleterre n'accorde l'extradition qu'au cas où les renseignements fournis par l'État requérant seraient de nature à faire renvoyer l'inculpé devant un tribunal anglais ; de plus, le requérant doit établir d'une façon certaine l'identité du réclamé.

Aux États-Unis, l'État requérant doit se faire représenter par un délégué spécial. La procédure est longue et extrêmement coûteuse.

Par contre, la Belgique et la Suisse, prévenues directement par la justice française, arrêtent immédiatement l'individu réclamé, et le remettent aux agents français à la frontière.

Lorsqu'un malfaiteur s'est réfugié dans un pays séparé de celui où il a commis l'infraction, par un autre pays, ce dernier doit accorder l'autorisation à l'État requérant de faire passer l'extradé sur son territoire ; c'est ce qu'on appelle l'autorisation de « transit ».

Il n'existe pas de convention d'extradition entre la France, la Grèce, la Russie, et la Turquie. Toutefois l'extradition est accordée par la Russie, à charge de réciprocité, pour les crimes graves; mais elle a été refusée pour escroquerie. En Turquie, ce sont les consuls de France qui se chargent de l'arrestation et du transport de leurs nationaux réclamés par la France.

De nombreux traités ont été passés, mais tous les pays contractants exceptent de l'extradition leurs nationaux respectifs : seuls, les États-Unis n'ont rien stipulé à ce sujet.

La France a des traités d'extradition, basés sur la réciprocité, avec les pays dont nous allons établir la liste en regard des crimes ou délits pouvant donner lieu à l'extradition :

1° *Abus de confiance.* — Angleterre, Autriche, Bavière, Belgique, Danemark, Espagne, Hesse, Italie, Luxembourg, Monaco, Pérou, Portugal, Saxe, Suisse.

2° *Association de malfaiteurs.* — Autriche, Belgique, Chili, Espagne, Italie, Luxembourg, Suisse.

3° *Avortement.* — Angleterre, Autriche, Bavière, Belgique, Chili, Danemark, Espagne, Italie, Luxembourg, Monaco, Pérou, Suède et Norvège, Suisse.

4° *Banqueroute frauduleuse.* — Angleterre Autriche, Bade, Bavière, Belgique, Brême, Chili, Danemark, Espagne, Hambourg, Hesse, Italie, Luxembourg, Monaco, Nouvelle-Grenade, Pays-Bas, Pérou, Portugal, Prusse, Saxe, Suède, Suisse, Vénézuela, Wurtemberg.

5° *Bigamie.* — Angleterre, Bavière, Belgique, Danemark, Espagne, Italie, Luxembourg, Monaco, Suède et Norvège.

6° *Castration.* — Autriche, Chili, Italie, Nouvelle-Grenade, Pérou, Vénézuela.

7° *Contrefaçon ou altération de monnaies.* — Les mêmes États qu'au numéro 4.

8° *Coups et blessures volontaires ayant occasionné la mort sans intention de la donner; homicide par imprudence et maladresse.* — Angleterre, Autriche, Bavière, Belgique, Danemark. Espagne, Hesse, Italie, Luxembourg, Monaco, Pérou, Suède et Norvège, Suisse.

9° *Crimes commis en mer : baraterie, destruction, révolte.* — Angleterre, Belgique, Chili, Danemark, Espagne, Hambourg, Italie, Monaco, Pérou, Suède et Norvège.

10° *Dénonciation calomnieuse.* — Bavière, Italie, Suisse.

11° *Empoisonnement d'animaux domestiques, ou de poissons dans les étangs.* — Bavière, Belgique, Espagne, Luxembourg, Monaco, Suisse.

12° *Enlèvement de mineurs.* — Angleterre (au-dessous de 14 ans pour les garçons, au-dessous de 16 ans pour les filles) ; Bavière, Belgique, Danemark, Espagne, Italie, Luxembourg, Monaco, Suède et Norvège, Suisse.

13° *Escroquerie.* — Angleterre, Bavière, Belgique, Danemark, Espagne, Italie, Luxembourg, Monaco, Suisse.

14° *Faux, contrefaçons des sceaux de l'État,* — Angleterre, Autriche, Bavière, Belgique, Brême, Chili, Espagne, Hambourg, Hesse, Italie, Luxembourg, Monaco, Pérou, Portugal, Saxe, Suède, Suisse, Wurtemberg.

15° *Faux témoignage, subornation de témoins, d'experts ou d'interprètes.* — Angleterre, Autriche, Bade, Bavière, Belgique, Brême, Danemark, Espagne, Hambourg, Hesse, Italie, Luxembourg, Monaco, Nouvelle-Grenade, Pays-Bas, Pérou, Portugal, Prusse, Saxe, Suède, Suisse, Vénézuela, Wurtemberg.

16° *Incendie volontaire.* — Les mêmes États

qu'au numéro 15, plus le Chili et les États-Unis.

17° *Meutre ou tentative de meutre (assassinat, parricide, infanticide, empoisonnement).* — Les mêmes États qu'au numéro 16.

18° *Viol (attentat à la pudeur avec violence).* — Les mêmes États qu'au numéro 16.

19° *Violences contre les magistrats et officiers publics dans l'exercice de leurs fonctions.* — Angleterre, Italie.

20° *Vol, abandon, exposition ou séquestration d'enfant.* — Angleterre, Autriche, Bavière, Belgique, Danemark, Espagne, Italie, Luxembourg, Monaco, Suède et Norvège, Suisse.

21° *Vol avec violence, effraction, escalade.* — Angleterre, Autriche, Bavière, Belgique, Brême, Chili, Danemark, Espagne, Hambourg, Hesse, Italie, Luxembourg, Monaco, Nouvelle-Grenade, Pays-Bas, Pérou, Portugal, Prusse, Saxe, Suède Suisse, Vénézuela, Wurtemberg.

CHAPITRE VIII

L'ABSENCE

« L'absence » est la disparition d'une personne, de son domicile ou de sa résidence. Il y a trois périodes légales de l'absence.

1° *La présomption d'absence*, qui dure quatre ans à partir des dernières nouvelles. Pendant ce laps de temps, le ministère public est spécialement chargé de veiller aux intérêts de l'absent ;

2° *La déclaration d'absence*, qui est demandée par les intéressés, sur requète adressée au tribunal. Le tribunal ordonne une enquète, et le jugement de déclaration d'absence ne peut être rendu qu'un an après celui qui a prescrit l'enquète. Lorsque l'absence est déclarée, les héritiers présomptifs sont envoyés en possession provisoire des biens que l'absent possédait au jour de sa disparition, mais il faut remarquer que, si l'absent avait laissé à son départ une procuration, ses héritiers ne peuvent obtenir l'envoi en possession qu'après dix années révolues depuis les dernières nouvelles.

La possession provisoire n'est qu'un dépôt qui

donne à ceux qui l'obtiennent l'administration des biens de l'absent, mais qui les rend comptables envers lui, au cas où il reparaîtrait. (Code civil, art. 125.) En effet, si l'absent fait connaître de ses nouvelles, les envoyés en possession provisoire sont tenus de lui rendre le cinquième des revenus, à condition qu'il ne se soit pas écoulé quinze ans depuis la disparition ; s'il s'est écoulé plus de quinze ans, les envoyés en possession ne doivent restituer que le dixième des revenus.

3° *L'envoi en possession définitive*, qui est prononcé par le tribunal de première instance, quand il s'est écoulé trente ans depuis la déclaration d'absence, ou cent ans depuis la naissance de l'absent, car alors il y a présomption de mort. Au cas où, après l'envoi en possession définitive, l'absent reparaîtrait, il ne lui serait tenu aucun compte des revenus, mais il recouvrerait ses biens, tels qu'ils se comporteraient alors.

Il est difficile d'admettre que le conjoint d'un absent puisse contracter un second mariage, car il est dans l'impossibilité de produire l'acte de décès ou le jugement de divorce qui seraient certainement réclamés par l'officier de l'état civil. Cependant la loi prévoit le cas où, malgré toutes les difficultés de procédure, le second mariage aurait lieu, et elle décide alors que l'époux absent seul serait recevable à attaquer ce mariage.

Au point de vue du droit international, la présomption ou la déclaration d'absence, qui touchent à l'état même de l'individu, doivent être réglées par le statut personnel. L'intérêt de cette doctrine, admise aujourd'hui par tous les jurisconsultes, est considérable ; les différents codes, en effet, varient quant aux délais et aux conditions de l'absence.

C'est ainsi que le code italien n'admet les héritiers à demander la déclaration d'absence qu'après un laps de trois ans d'absence présumée, ou de six ans si l'absent a laissé un mandataire.

Suivant les lois néerlandaises, l'absence ne peut être déclarée qu'après un délai de cinq ans ou de dix ans, suivant que l'absent n'a pas constitué ou a constitué un mandataire.

Aux termes du code autrichien, l'absent n'est réputé mort que dans ces trois cas : 1° S'il est âgé de 80 ans et qu'on n'ait eu aucune nouvelle de lui pendant dix ans ; 2° S'il a été grièvement blessé sur un champ de bataille ; 3° S'il était sur un navire dont on n'a pas eu de nouvelle depuis trois ans.

Les conséquences de l'admission de la théorie

du statut personnel sont les suivantes : Si, par exemple, un français résidant en Italie disparaît de son dernier domicile, les héritiers ne pourront obtenir la déclaration d'absence qu'au bout de quatre ans, bien que la loi italienne autorise cette déclaration après trois ans. car on appliquera au Français la loi française. En sens inverse, si les héritiers d'un Français disparu en Hollande demandent la déclaration d'absence, ils pourront l'obtenir après quatre ans, bien que la loi hollandaise ne l'autorise qu'après cinq ans.

Si l'absence, en tant qu'elle touche à l'individu même, relève du statut personnel, il est toutefois bien évident que certaines mesures conservatoires du patrimoine de l'absent sont des dispositions de sûreté purement territoriales et qui relèvent par suite du statut réel. Telle, par exemple, la nomination de mandataires pour représenter l'absent dans les procédures ou les inventaires ; telle, la faculté qu'ont les tribunaux d'ordonner toutes mesures nécessaires.

CHAPITRE IX

LES BREVETS D'INVENTION

Le brevet d'invention consiste en un certificat officiel qui constate simplement que tel jour, à telle heure, telle personne a déposé les plans et dessins de telle invention. Le brevet ne prouve pas que celui qui le possède soit le véritable inventeur ; il ne constitue pas un titre de propriété, et c'est pourquoi on le délivre à qui le demande en se conformant à la loi. Nul n'est donc, à aucun point de vue, incapable de demander et d'obtenir un brevet.

La matière des brevets d'invention est régie par la loi du 5 juillet 1844 ; cette loi n'admet comme brevetables que les inventions susceptibles d'une utilisation industrielle ; une simple découverte scientifique, dont l'application n'apparaîtrait pas immédiate, ne pourrait être brevetée. Toutefois, dès que l'invention est brevetable, la loi ne considère pas sa valeur ; elle exige simplement qu'elle soit *nouvelle,* c'est-à-dire qu'elle se distingue de toutes les inventions similaires par des caractères nouveaux. Remarquons ici qu'une découverte ayant été l'objet, à l'étranger, d'une publicité suffisante pour la bien faire connaître, ne serait plus brevetable en France.

Quiconque veut obtenir un brevet doit déposer, sous pli cacheté, à la préfecture de son département : 1° une demande au ministre du commerce ; 2° une description de l'invention ; 3° les dessins, plans ou modèles ; 4° un bordereau de toutes les pièces déposées.

Avant toute démarche, l'inventeur doit verser une somme de 100 francs, qui sera imputable sur les annuités du brevet ; il doit joindre à sa demande le récépissé de ce versement.

Le brevet doit être publié dans le *Bulletin des Lois* ; il est accordé pour une durée de cinq, dix ou quinze ans, et donne lieu au payement d'une annuité de 100 francs, savoir au total : 500 francs pour cinq ans, 1,000 francs pour dix ans, et 1,500 francs pour quinze ans. Nous verrons plus loin que le défaut de payement d'une seule annuité entraînerait déchéance du brevet.

L'inventeur breveté a toujours le droit de modifier son invention et de faire constater ces changements par des « certificats d'addition » ; chacun d'eux donne lieu au payement d'un droit de vingt francs.

Le brevet est, légalement, un objet mobilier qui, par suite, tombe dans la communauté conjugale ; il peut être saisi par les créanciers ; enfin, il peut être cédé. La cession d'un brevet se fait par acte notarié, et ne peut avoir lieu qu'après payement de toutes les annuités restant à courir. L'acte de cession doit être enregistré à la préfecture du département dans lequel il a été consenti ; il est dû un droit de mutation égal à 2 0/0 du droit de cession.

Une cession par acte sous seing privé, ou dûment authentique mais non enregistrée, est nulle au regard des tiers.

Le possesseur d'un brevet peut également céder le droit de son invention par un acte qu'on nomme *licence*. Cette licence ne confère aucun droit à la propriété du brevet, et ne donne même pas à celui qui l'obtient le droit de poursuivre les contrefacteurs ; cependant le cédant de la licence peut introduire au contrat une stipulation à cet égard.

Toute personne intéressée peut demander la nullité ou la déchéance d'un brevet. La loi a prévu huit cas de nullité :

1° L'invention n'est pas nouvelle ;

2° Elle n'est pas brevetable ;

3° Elle ne concerne que des théories scientifiques ;

4° Elle est contraire à l'ordre public ou aux bonnes mœurs ;

5° La déclaration est frauduleuse ;

6° La description est incomplète ou insuffisante ;

7° Pendant l'année, un tiers s'est fait breveter pour des perfectionnements ;

8° Sont nuls les perfectionnements qui ne se rattachent pas au brevet principal.

Il existe trois cas de déchéance : 1° l'une des annuités n'a pas été payée ; or, l'annuité doit être payée avant le commencement de l'année à courir, c'est-à-dire la veille du jour anniversaire de la prise du brevet ; un retard d'une heure entraînerait la déchéance ; 2° l'inventeur n'a pas exploité sa découverte dans les deux ans du brevet ; toutefois, il lui est possible de justifier son inaction ; 3° l'inventeur a introduit en France des objets fabriqués à l'étranger et semblables à ceux qui sont garantis par son brevet.

Les étrangers peuvent obtenir en France des brevets d'invention ; l'auteur d'une découverte déjà brevetée à l'étranger pourra obtenir un brevet dont la durée n'excédera pas celle des brevets pris antérieurement à l'étranger. Les tribunaux français ont un pouvoir souverain pour apprécier la valeur d'un brevet pris à l'étranger.

Tout inventeur, Français ou étranger, qui, sans être breveté, veut, néanmoins, produire sa découverte dans une exposition, peut demander au préfet un certificat provisoire, qui lui assure les mêmes droits qu'un brevet. Ce certificat est gratuit. Toutefois, dans les trois mois de la clôture de l'exposition, l'inventeur doit prendre un brevet, sinon les effets de son certificat cessent, et l'invention tombe dans le domaine public.

La confiscation des objets *reconnus* contrefaits, et, le cas échéant, celle des instruments ou ustensiles destinés spécialement à leur fabrication, seront, *même en cas d'acquittement,* prononcées contre le contrefacteur, le recéleur, l'introducteur ou le débitant. Les objets confisqués seront remis au propriétaire du brevet.

CHAPITRE X

LES MARQUES DE COMMERCE

I. — En France

On appelle *marque*, un signe, quel qu'il soit, qui sert à distinguer, à individualiser, en quelque sorte, les produits d'une fabrication ou les objets d'un commerce. Par suite, la seule signature, accompagnée d'un paraphe de l'industriel ou du commerçant, constitue une *marque*.

La loi de 1857, qui régit la matière, laisse aux intéressés la faculté d'apposer une marque sur leurs produits ou de n'en pas apposer. Cependant, il ne faut pas oublier que cette loi n'abroge en aucune façon les lois ou décrets antérieurs, qui rendaient *obligatoire* la marque dans certains cas et notamment pour les objets d'or et d'argent, les armes de guerre ou de commerce, les étoffes d'or et d'argent, les savons, les cotons étrangers filés ou tissés, les eaux minérales fabriquées, les cartes à jouer.

La *marque* peut ne pas être apparente, mais

l'enveloppe peut constituer une marque. La marque doit être spéciale, particulière, c'est-à-dire n'avoir jamais encore été apposée sur un produit similaire, de façon qu'aucune confusion ne puisse se produire.

Toutes les marques déposées en France sont réunies au Conservatoire des Arts et Métiers de Paris ; le public est admis à consulter la collection.

Le dépôt régulier d'une marque ne rend pas le déposant propriétaire de la marque déposée : il ne constitue qu'une présomption de propriété ; on dit, en droit, qu'il est *déclaratif, et non attributif* de propriété (cassation 6 juillet 1891). Mais la preuve de la propriété peut être établie par tous les moyens.

Le dépôt se fait en trois exemplaires, au greffe du tribunal de commerce du domicile du déposant : les différents frais de dépôt montent à 9 francs environ. Sous aucun prétexte, le greffier ne peut refuser d'enregistrer un dépôt, mais il peut faire au déposant des observations. Dès que la marque est déposée, son propriétaire peut en poursuivre les contrefaçons ; cette poursuite, qui doit être autorisée par ordonnance du président du tribunal civil, est de la compétence des tribunaux civils et correctionnels.

La confiscation de l'objet revêtu de la marque contrefaite *peut* être ordonnée ; la destruction de la marque elle-même *l'est toujours*.

La prescription est acquise, comme pour les autres délits, par trois ans.

Le propriétaire d'une marque peut la céder, soit à titre gratuit, en suivant les règles relatives aux donations, soit à titre onéreux.

La loi du 23 novembre 1873 autorise tout propriétaire d'une marque à la faire timbrer ou poinçonner par l'Etat, moyennant le paiement d'un droit. C'est un moyen de rendre la contrefaçon plus difficile et surtout plus dangereuse, car le contrefacteur de la marque est obligé de contrefaire en même temps le poinçon de l'Etat, ce qui constitue un crime passible de la Cour d'assises.

La loi du 11 janvier 1892, qui porte modification des tarifs douaniers, s'exprime ainsi : « Sont « prohibés à l'entrée en France, exclus de l'en-« trepôt, du transit et de la circulation, tous pro-« duits étrangers, naturels ou fabriqués, portant, « soit sur eux-mêmes, soit sur des emballages, « caisses, ballots, enveloppes, bandes ou éti-« quettes, etc., une marque de fabrique ou de « commerce, un nom, un signe, ou une indication

» quelconque de nature à faire croire qu'ils ont
« été fabriqués en France ou qu'ils sont d'origine
« française. »

Quelle que soit la rigueur avec laquelle les marques sont protégées en France par la loi, il ne faut pas oublier que cette loi est cependant conçue dans un esprit large et libéral qu'on ne retouverait peut-être dans aucune autre législation sur cette matière.

Ainsi, les étrangers qui possèdent en France des établissements d'industrie ou de commerce jouissent, pour les produits de leurs établissements, du bénéfice et de la protection de la loi de 1857, à condition d'observer toutes les formalités qu'elle prescrit. Bien plus, cette loi étend son bienfait aussi loin que possible, par son article 6 ainsi conçu :

« Les étrangers et les Français dont les éta-
« blissements sont situés *hors de France* jouissent
« également du bénéfice de la loi pour les produits
« de ces établissements, si, dans le pays où ils
« sont situés, des conventions diplomatiques ont
« établi la réciprocité pour les marques fran-
« çaises. Dans ce cas, le dépôt de ces marques
« étrangères a lieu au greffe du tribunal de com-
« merce du département de la Seine. »

Ajoutons que la France a des traités avec toutes les nations civilisées, et que, par conséquent, notre loi étend ses effets sur le monde commercial tout entier.

II. Hors dé France.

Nous passerons très rapidement sur les législations étrangères, pour ne les considérer qu'au point de vue purement international ; c'est-à-dire que nous nous proposerons d'examiner surtout les conditions faites par la loi aux étrangers dans les différents pays.

En ALLEMAGNE, la marque doit être constituée par un signe emblématique, sans toutefois reproduire ou imiter des armes publiques.

Les étrangers qui résident en Allemagne, sont, au point de vue de la loi sur les marques, assimilés aux nationaux. Lorsque l'étranger n'a pas d'établissement en Allemagne, mais qu'il appartient à un pays qui offre aux marques allemandes la réciprocité de protection, il doit : « 1° faire la déclaration de sa marque au tribunal de Commerce de Leipzig dont il accepte la compétence ; 2° établir que, dans son propre pays il a rempli les formalités nécessaires pour le dépôt de sa marque.

Il y a, entre l'Allemagne et la France, de nombreux traités de réciprocité.

En ANGLETERRE, la marque peut être constituée par n'importe quel signe, à l'exception des dessins pouvant blesser la morale. L'emploi des armes royales est interdit sous peine d'une amende de 500 francs. Il suffit de faire enregistrer la marque sur le registre des marques, au bureau des brevets.

Aucune condition de réciprocité n'est exigée des étrangers. Il y a d'ailleurs entre l'Angleterre et la France des traités.

En AUTRICHE, il est interdit d'employer comme marque, le portrait seul de l'empereur, les armoiries publiques sans autre dessin. Le dépôt se fait en quatre exemplaires à la Chambre de Commerce du district où est situé l'établissement. L'enregistrement coûte 12 fr. 50 ; et la protection dure dix ans.

L'Autriche n'admet les étrangers à réclamer la protection de la loi, qu'en cas de réciprocité diplomatique. Il y a entre l'Autriche et la France un traité en date du 18 février 1884.

En BELGIQUE, la marque doit être déposée au

greffe du tribunal de Commerce dans le ressort duquel est situé l'établissement. L'enregistrement assure la propriété perpétuelle de la marque.

Les étrangers doivent déposer leurs marques au tribunal de Commerce de Bruxelles. La taxe d'enregistrement est de cent francs.

Au CHILI, sont admis comme marques, les noms propres, les emblèmes, et tous autres signes, mais qui doivent être accompagnés de la mention : « *Marca de fabrica* ». L'enregistrement se fait à la Société Nationale d'agriculture de Santiago.

Les étrangers sont, au point de vue des marques, complètement assimilés aux nationaux.

En DANEMARK, on ne reconnaît pas une marque exclusivement composée de chiffres ; elle ne doit pas renfermer d'armoiries publiques. L'enregistrement se fait à Copenhague, et est valabe pour dix ans.

Les étrangers n'ont droit à la protection de la marque qu'en cas de réciprocité; encore faut-il une ordonnance qui n'intervient qu'après la preuve faite de l'enregistrement à l'étranger.

En ESPAGNE, on n'exclut des signes susceptibles de constituer une marque, que les armes royales et les décorations espagnoles.

Les étrangers ont droit à la protection de la

loi à condition d'être établis sur le territoire espagnol.

Aux Etats-Unis, la marque doit être enregistrée au « *Patent-Office* » ; la taxe est de 25 dollars (125 fr.) La protection est acquise pour trente ans.

Les étrangers ont droit à la protection de la marque, à la seule condition d'être domiciliés aux Etats-Unis. Il y a, avec la France, un traité établissant la réciprocité de protection des marques. Les industriels des Etats-Unis déposent leur marque au Tribunal de Commerce de Paris ; les industriels Français déposent la leur au Bureau des patentes à Washington.

En Italie, tout signe caractéristique peut servir de marque. Le dépôt doit en être effectué dans l'une des préfectures du royaume. La protection a une durée perpétuelle.

Les étrangers sont assimilés aux nationaux. Des traités ont été faits entre l'Italie et la France, assurant la réciprocité de protection.

Aux Pays-Bas, sont seules prohibées les marques renfermant les armoiries du royaume, ou contraires aux bonnes mœurs. Le dépôt se fait au Bureau de la propriété industrielle à la Haye. La taxe de dépôt est de dix florins.

Les étrangers sont assimilés aux nationaux.

En PORTUGAL, la marque doit être déposée au Bureau spécial du Ministère des Travaux Publics. Les étrangers établis en Portugal sont assimilés aux nationaux, et jouissent de la même protection.

En RUSSIE, les marques doivent être enregistrées à la direction de l'industrie, mais les tiers peuvent former opposition à l'enregistrement. Le droit à payer pour le dépôt est de 15 marks.

Les étrangers ne jouissent de la protection qu'autant que leur pays est lié avec la Russie par des traités de réciprocité. Une convention de cette nature existe entre la Russie et la France.

En SUÈDE et en NORVÈGE, le régime des marques est celui de la loi danoise ; les étrangers ne jouissent de la protection qu'en cas de réciprocité établie par les conventions.

En SUISSE, tout signe quelconque peut constituer une marque, à l'exception des armoiries publiques. Le dépôt et l'enregistrement se font à Berne, en deux exemplaires ; l'enregistrement peut être refusé. Les étrangers, établis en Suisse, sont considérés comme nationaux.

CHAPITRE XI

LA LETTRE DE CHANGE

La lettre de change est un contrat par lequel une personne s'oblige envers une autre à lui faire toucher une somme d'argent dans un autre lieu. La lettre de change est une sorte de marchandise, et les variations de son prix constituent le » *cours du change* ».

On a attribué, autrefois, l'invention de la lettre de change aux Gibelins chassés de Florence par les Guelfes ; mais cette opinion ne prévalut pas longtemps, et on reconnut que l'invention était due aux Juifs après leur expulsion de France sous Philippe le Long en 1318. « L'invention admirable des lettres de change, dit Voltaire, sortit du sein du désespoir. »

On appelle « *tireur* » celui qui créa la lettre ; « *tireur pour compte* » celui qui tire pour compte et par ordre d'un tiers : « *donneur d'ordre* » ou « *ordonnateur* » celui par ordre de qui la lettre est créée ; « *tiré* » celui qui doit payer ; « *accepteur* » le tiré qui a accepté de payer la lettre ; « *endosseur* » le preneur qui cède sa lettre à un tiers par voie d'endos ; « *porteur* » le dernier des cessionnaires ; « *domiciliaire* » le tiers au domicile duquel la lettre est payable ; « *donneur d'aval* » le tiers qui, bien qu'étranger à la lettre de change, se rend caution solidaire d'un ou de plusieurs des obligés.

La lettre de change est un acte absolument commercial entre toutes personnes ; elle rend commerciale une obligation qui serait purement civile, et par suite, tout signataire d'une lettre de change est justiciable du Tribunal de Commerce. (Arrêts de cassation du 15 mai 1839 ; du 18 avril 1866.)

Les conditions de validité de la lettre de change sont suivantes : 1° Elle doit : être tirée d'un lieu sur un autre ; 2° Contenir les noms du tireur, du tiré, du preneur avec la mention « *ou à son ordre* » ; 3° L'indication de la somme à payer et de la valeur reçue qu'elle représente ; 4° Indication du lieu et de l'époque du paiement.

La signature du tireur est indispensable ; une simple croix apposée sur l'acte ne saurait même servir de commencement de preuve par écrit. Voici une formule de lettre de change :

« *Paris le 12 juillet 1887.*

« *Au 15 septembre prochain, veuilles payer à*
« *André ou à son ordre, la somme de mille*
« *francs, valeur reçue en marchandises.*

« *Signé : Charles.* »
« *à Jacques, banquier, au Havre.* »

Si la lettre est pure et simple, elle est payable à vue, et doit être présentée dans les trois mois de sa date. Si elle est à terme, elle peut être payable à jour fixé, ou dans telle foire (formule fréquente autrefois), ou après l'expiration d'un délai qui peut être exprimé soit en jours, soit en « *usances* ».

En France, les usances sont de 30 jours qui courent du lendemain de la date de la lettre. *En Autriche*, on emploie la demi-usance qui est de 7 jours, l'usance qui est de 15, et l'usance et demie qui est de 21 jours. En *Bavière*, la demi-usance est de 8 jours, l'usance de 15, l'usance et demie est de 23, et la double usance 30 jours.

Les lettres payables à *Londres* tirées d'Allemagne ou de Hollande, comptent un mois par usance ; les lettres tirées d'Espagne ou de Portugal, 2 mois ; les lettres d'Italie, 3 mois; celle de France, 30 jours.

5.

En *Russie*, la lettre à usance est censée échue 15 jours après la présentation à l'acceptation. *En Suède* et *en Norwège*, l'usance est de un mois de vue, et l'on admet six jours de grâce. Dans le *canton de Vaud*, elle est de 30 jours ; dans celui de Zurich, de 15 jours. De *Calcutta*, on tire sur Paris à 6 et 12 mois de vue. A *Constantinople*, on n'admet pas l'usance, mais les étrangers sont admis à faire valoir les usages de leur pays.

Il peut être utile (et cela arrive fréquemment dans la pratique), de tirer la lettre de change à plusieurs exemplaires, soit pour la faire parvenir par des voies différentes, soit pour parer à une perte possible du titre. Mais dans ce cas il importe d'indiquer sur chaque copie le nombre des exemplaires de la lettre.

Dans presque tous les départements du midi de la France, on a coutume de faire les lettres de change par acte notarié ; mais elles sont alors soumises à un droit fixe d'enregistrement de 1 fr. 10.

Lorsqu'à l'échéance la lettre n'est pas payée, le porteur doit faire dresser par huissier protêt faute de paiement, dans les 24 heures ; puis, dans la quinzaine, faire dénoncer, par huissier, le protêt à chacun des endosseurs ; dans le même délai assigner les garants solidaires devant le tribunal de commerce.

Le protêt peut être fait par un notaire, à défaut d'huissier ; il doit contenir la copie littérale du titre, l'indication de la présentation et du refus de paiement. Il doit être signifié à domicile et non pas seulement à personne.

Le porteur de la lettre non payée a le droit de tirer une nouvelle lettre de change, qu'on appelle « *retraite* », sur son cédant immédiat. Mais ce fait ne dispense pas le porteur de dénoncer le protêt dans la quinzaine et d'assigner en justice.

L'action du porteur se prescrit par cinq ans Les actes interruptifs de prescription sont : une poursuite juridique (dénonciation du protêt, assignation) ; une saisie-arrêt ; un jugement de condamnation ; une reconnaissance de la dette par acte séparé. Ces deux dernières causes, interrompant la prescription de cinq ans y substituent celle de trente ans. Faisons remarquer, toutefois, que la prescription de cinq ans ne repose que sur une présomption de paiement ; aussi le porteur peut-il toujours déférer le serment au débiteur.

La lettre de change étant un acte du droit des gens, tout ce qui touche à sa forme (rédaction, endossement) est régi par la loi du lieu où l'acte est passé ; tout ce qui touche à l'exécution relève de la législation du lieu où le paiement doit être effectué.

CHAPITRE XII

Le « chèque » est un écrit ayant la forme d'un mandat de paiement, et qui sert au tireur à effectuer le retrait à son profit, ou au profit d'un tiers, de tout ou partie des fonds portés au crédit de son compte chez le tiré, et alors *disponibles*.

L'étymologie du mot est anglaise ; sa signification est : « *contrôle* », à cause de la souche dont le chèque est détaché, et qui peut toujours servir à en contrôler la loyauté.

La matière des chèques est régie, en France, par les lois du 14 Juin 1865, et du 19 Février 1874 (articles 5 à 9).

Le chèque n'est pas, comme la lettre de change, un acte forcément commercial ; il ne revêt ce caractère que lorsqu'il est tiré par un négociant, pour les besoins de son commerce, sur une maison de banque. Il est rédigé par écrit et détaché du carnet à souches remis par le banquier dépositaire à son client. Au cas où sa cause est purement civile, la signature du tireur doit être précédée de la formule ; « *Bon et approuvé pour la somme de...* »

Le chèque peut être tiré sur la même place, ou d'une place sur une autre ; mais il ne peut être tiré qu'à vue, c'est-à-dire payable à première présentation ; il n'a donc pas besoin d'être accepté. C'est, en effet, une sorte de monnaie courante, dont l'usage ne saurait s'accommoder des formalités et des retards de l'acceptation. Mais le chèque peut être souscrit à ordre, et transmis par voie d'endossement ; il est même admis que l'endos peut avoir lieu en blanc, ce qui serait absolument irrégulier pour la lettre de change.

Le porteur d'un chèque doit en réclamer le paiement dans les cinq jours, y compris celui de la date, si le titre est tiré sur la même place, et dans les huit jours s'il est tiré d'un autre lieu ; faute de quoi il perd son recours contre les endosseurs, et même contre le tireur si la provision a péri par le fait du tiré après les délais de 5 ou de 8 jours impartis pour la présentation. Cependant il n'y aurait pas lieu à déchéance au cas où le porteur pourrait valablement invoquer un cas de force majeure.

Le chèque non payé doit être protesté comme la

lettre de change, et dans les mêmes formes ; payé à présentation, il doit être acquitté par celui qui en touche le montant, en présence du banquier tiré.

Une bonne règlementation ne va pas sans pénalités : c'est ainsi que le tireur de chèque, d'une place sur une autre, qui ne marque pas la date de l'émission *en toutes lettres*, est passible d'une amende de 6% de la valeur indiquée, sans toutefois que cette amende puisse être inférieure à cent francs. Le premier endosseur d'un chèque établi dans de pareilles conditions est soumis à la même peine. L'article 9 de la Loi du 19 février 1875, stipule une amende de 6% de la valeur pour quiconque émet un chèque sans provision disponible ; cette amende ne doit pas être inférieure à cent francs, sans préjudice des peines qui peuvent être prononcées correctionnellement s'il y a lieu.

Les chèques tirés d'une place sur une autre payent un droit fixe de timbre de 0 fr. 20 ; ceux qui sont tirés sur la même place ne payent que 0 fr. 10. Les chèques tirés hors de France, mais payables en France, sont soumis aux lois qui régissent les chèques en France.

La jurisprudence a admis qu'un banquier qui

paye de bonne foi un chèque perdu ou volé, ne peut être tenu de le payer une seconde fois au véritable propriétaire, à moins qu'il n'ait commis une faute lors de ce paiement. Il y aurait faute aux cas où les diverses parties du chèque présenteraient des dissemblances d'écriture faciles à constater; si le banquier négligeait de comparer la signature du chèque avec celle de son client; s'il payait le chèque à un inconnu, alors que d'ordinaire le client se présentait lui-même ou envoyait l'un de ses employés connu pour tel à la banque.

En Angleterre, lorsqu'un chèque faux ou contrefait est payé, c'est le banquier qui supporte la perte, à moins toutefois que le client n'ait, par sa négligence, donné prétexte à la fraude.

CHAPITRE XIII

LES SOCIÉTÉS

La société est un contrat en vertu duquel deux ou plusieurs personnes mettent en commun une industrie, pour partager les profits de cette chose ou de cette industrie.

Toutes les sociétés commerciales sont des « personnes morales ». Et de cette personnalité il résulte : 1° que les parts d'associés sont *mobilières* ; si, en effet la société n'était pas personne morale, il n'y aurait entre les associés qu'une co-propriété indivise, et le droit de chacun serait *immobilier*. — 2° Qu'en cas de procès, c'est l'être moral société qui assigne ou est assigné. — 3° Les créanciers personnels des associés ne peuvent concourir sur le fonds social avec les créanciers sociaux.

Il y a quatre grandes classes de sociétés : 1° en nom collectif ; 2° en commandite ; 3° par actions ; 4° anonymes. Nous allons examiner rapidement chacune d'elles.

En nom collectif : — Les associés opèrent sous une raison sociale ; le plus souvent ils administrent à tour de rôle. Quand le gérant est nommé dans l'acte constitutif de la société, il est irrévocable. Si le gérant se sert de la signature sociale dans son intérêt personnel, le tiers de bonne foi *seul*, c'est-à-dire qui a cru à une affaire commerciale, peut opposer cette signature à la société. Les créanciers ont recours contre le fonds social d'abord, et ensuite contre chacun des associés qui sont tenus solidairement, personnellement, et commercialement. Une poursuite contre l'un d'eux interrompt la prescription et fait courir les intérêts à l'égard de tous.

Les formalités requises pour la constitution régulière de la société, sont : 1° le dépôt d'un double ou d'une expédition aux greffes du Tribunal de commerce, et de la Justice de paix du lieu du siège social ; 2° la publication, dans un journal d'annonces légales, de l'acte de société ou tout au moins d'un extrait indiquant la nature de la société, le nom des associés, la raison sociale, le siège, le nom du gérant, la date du commencement et de la fin de la société, la date du dépôt aux deux greffes.

A défaut de ces formalités, la société est nulle entre les associés ; mais ils ne pourraient opposer cette nullité aux tiers.

EN COMMANDITE : — Il s'agit ici de commandite *simple*, ou, *par intérêts*. Une telle société se compose d'un ou de plusieurs bâilleurs de fonds qui sont les commanditaires, et des commandités ; ce sont ces derniers qui administrent. Mais le commanditaire a le droit d'assister aux réunions et d'éclairer de ses avis les commandités. Au cas où le commanditaire s'immiscierait dans la gérance, il serait responsable jusqu'à concurrence de cette immixtion.

Les commandités sont solidairement tenus, et sur tous leurs biens, des dettes de la société.

Les sociétés en commandite simple sont soumises aux mêmes obligations de publicité que les sociétés en nom collectif.

PAR ACTIONS (commandite) : — Ce genre de sociétés, ainsi que le suivant, est régi par la loi du 24 juillet 1867, récemment modifiée par la loi du 1er août 1893.

Les sociétés en commandite par actions ne peuvent diviser leur capital en actions ou coupures de moins de 25 francs, lorsque le capital n'excède pas 200,000 francs ; et de moins de 100 francs lorsque le capital est supérieur à 200,000. Elles ne sont définitivement constituées qu'après la souscription totale du capital, et le versement intégral du prix des actions, lorsqu'elles n'excèdent pas 25 francs, ou du quart de ces actions lorsqu'elles sont de 100 francs et au-dessus.

Les actions sont nominatives jusqu'à leur entière libération ; celles qui représentent des apports ne peuvent être détachées de la souche, et ne sont négociables que deux ans après la constitution définitive de la société. Pendant ce temps, elles sont frappées d'un timbre indiquant leur nature et la date de la constitution.

Un conseil de surveillance composé de trois actionnaires au moins, est nommé par l'assemblée générale des actionnaires. Les statuts déterminent le nombre d'actions qu'il est nécessaire de posséder pour être admis à l'assemblée ; mais les propriétaires d'un nombre d'actions inférieur à celui qui est déterminé, peuvent se réunir pour former le nombre nécessaire, et se faire représenter par l'un d'eux.

L'émission d'actions contrairement aux prescriptions de la loi est punie d'une amende de 500 à 10,000 fr. Le fait de commencer les opérations avant la constitution du conseil de surveillance, la création de majorités factices, sont punis de de la même amende, et peuvent l'être en outre de 15 jours à six mois de prison.

Les versements de dividendes fictifs ; la publication de noms de personnes désignées, contrairement à la vérité, comme faisant partie de la société à un titre quelconque, et cela dans le but d'attirer le public et de provoquer les souscriptions, sont punis des peines de l'escroquerie, (article 405 du Code Pénal).

Anonymes : — Le code de commerce imposait à ces sociétés l'autorisation du gouvernement ; la loi de 1867 n'a maintenu cette formalité que pour les assurances sur la vie, et les sociétés étrangères.

Les associés doivent être sept au minimum. La gestion comprend les assemblées générales, les administrateurs, et les censeurs. Les administrateurs, qui sont pris parmi les associés, sont nommés pour six ans au maximum, mais ils sont révocables. Ils doivent être, pour garantir leur gestion, propriétaires d'un certain nombre d'actions qui sont nominatives, inaliénables, frappées d'un timbre indiquant leur nature, et déposées dans la caisse sociale. Les administrateurs sont individuellement et solidairement responsables ; ils veillent aux formalités de la constitution, et au cas de nullité de la société ils sont responsables envers les tiers solidairement avec les fondateurs. Ils doivent faire un rapport tous les six mois.

Les censeurs sont nommés pour un an, et font leur rapport à l'assemblée générale.

Il y a lieu à un prélèvement annuel du vingtième des bénéfices pour la constitution d'un fonds de réserve ; ce prélèvement cesse quand la réserve est égale au dixième du capital social.

Les sociétés anglaises.

« *Limited Company* » (*Société à responsabilité limitée.*)

On a souvent remarqué que les Français constituaient la majorité des actionnaires de presque toutes les sociétés enregistrées en Angleterre. Il est donc intéressant pour les Français d'avoir, sur ces sociétés, sur les formalités de leur constitution, sur leur fonctionnement, quelques détails exacts.

La « limited company » correspond à la Société anonyme en France. La seule formalité imposée pour la constitution d'une telle société, est le dépôt d'un memorandum d'association, entre les mains du « *Registrar* » des Joint Stock companies. Le Registrar est un fonctionnaire chargé de la garde et de la conservation des documents relatifs aux sociétés enregistrées en Angleterre. Ce « *memorandum* » est rédigé et signé par sept personnes au moins qui déterminent à leur volonté le nombre et la valeur des actions ; chacun des signataires doit en souscrire une, mais il n'est pas nécessaire que le prix en soit versé avant la constitution définitive. Le memorandum doit contenir : le nom de la compagnie à fonder ; la partie du Royaume-Uni où sera le siège social ; l'objet de la Compagnie ; l'indication qu'elle est « *limited* » ; le montant du capital et de chaque action. L'acte est valablement signé même si tous les signataires sont étrangers ou résident à l'étranger.

Le « Registrar » délivre un certificat, et la Société est constituée.

Les prospectus lancés par une Compagnie pour engager le public à souscrire, doivent contenir l'énumération sincère des apports, et des avantages offerts par l'opération ; ils doivent indiquer également la manière dont il sera pourvu aux frais de publicité. Les administrateurs dont le nom figure sur le prospectus sont responsables des assertions qu'il contient.

Les administrateurs doivent posséder un nombre d'actions déterminé par les statuts ; ils exercent tous les droits de la Compagnie, à l'exception de ceux que la Loi ou les articles d'association réservent à l'assemblée générale des actionnaires. Ils exercent leur charge par voie de résolutions prises en Conseil. L'administrateur qui agit de *bonne foi*, et dans l'intérêt de la Compagnie, ne peut être rendu responsable des pertes subies par elle à la suite de l'opération qu'il a faite en son nom.

Il est prudent de s'entourer de certaines précautions avant de souscrire une ou plusieurs actions d'une Compagnie nouvelle. Il est bon, par exemple, de savoir exactement quels sont les administrateurs, de quel crédit ils jouissent; quelle est la sincérité des assertions contenues au prospectus. Il faut enfin, et surtout, étudier avec soin les articles d'association. On ne doit pas oublier, en effet, que le souscripteur devient actionnaire dès le moment où il est avisé de la répartition des titres, et, par conséquent, tenu de la valeur numéraire de chacune des actions souscrites.

Il y a, dans chaque bureau d'enregistrement de compagnies, des catalogues de toutes les sociétés enregistrées; on peut les consulter gratuitement. Puis, pour un schilling (1 fr. 25), et en donnant son nom et son adresse, on peut examiner le dossier de telle ou telle compagnie, et prendre copie des documents qu'il renferme.

Lorsque des irrégularités se manifestent dans la gestion d'une Compagnie, la Cour n'interviendra sur une plainte qu'autant qu'elle aura été reconnue sérieuse, et qu'elle émanera d'une majorité. Cependant, au cas où les pouvoirs de la Compagnie seraient outrepassés, la cour interviendrait même sur la plainte d'un seul actionnaire.

Le registre des membres est conservé au siège social, et copie doit en être délivrée à toute réquisition.

La première assemblée générale doit avoir lieu moins de quatre mois après l'enregistrement de la Compagnie, et ce sous peine d'une amende de 5 l. sterling (125 fr.) par jour de retard, pour les administrateurs et gérants. Une autre assemblée doit avoir lieu dans les huit premiers mois, puis, à partir de cette date, tous les ans.

Tout actionnaire peut donner à un autre procuration de voter pour lui.

Lorsqu'il y a lieu à des versements de dividendes, les actionnaires en sont avertis, et reçoivent en temps utile un coupon ou un chèque. Les administrateurs ont le droit de défalquer sur la part d'un actionnaire les sommes qui peuvent être dues par lui.

Une fois par an, les administrateurs présentent à l'assemblée générale le bilan de la Compagnie; les censeurs l'examinent et en certifient l'exactitude.

Les actionnaires porteurs du cinquième au moins des actions émises, peuvent obtenir la nomination d'un expert pour examiner les comptes et les livres. Ils doivent s'adresser au « *Board of Trade*, fonctionnaire du Gouvernement chargé, avec les pouvoirs les plus étendus, de tout ce qui concerne les Compagnies.

La liquidition d'une société peut être volontaire lorsque sa durée statutaire est arrivée à son terme, ou qu'elle croit ne plus pouvoir continuer ses affaires.

La liquidation forcée a lieu sur la demande de la Compagnie, ou de ses créanciers, ou des actionnaires. La demande est présentée à la Cour Suprême pour les sociétés enregistrées en Angleterre, et aux Tribunaux Irlandais ou Ecossais pour celles qui sont enregistrées en Irlande ou en Ecosse. La demande doit être annoncée sept jours à l'avance dans deux journaux quotidiens de Londres.

L'Angleterre a conclu, en 1862, deux conventions, l'une avec la France, l'autre avec la Belgique, réglant la formation et les droits des sociétés sur leurs territoires respectifs. L'article 1er reconnaît aux sociétés constituées suivant les lois particulières à chacun des pays contractants, la faculté d'exercer tous les droits, sans autres conditions que de se conformer aux lois du pays où elles s'établissent.

CHAPITRE XIV

I. Notions générales

Les navires sont des meubles. Ils ont un nom propre qu'il est interdit de changer (loi de 1836) ; ils ont une nationalité. Pour qu'un navire soit français il faut : 1° Qu'il appartienne, au moins par moitié, à des Français ; 2° que le capitaine, les officiers, et les trois quarts des matelots soient français ; 3° qu'il soit construit en France, ou qu'il ait acquitté le droit de *francisation* conformément à la loi de 1866. Dans le but d'éviter les fraudes, il est délivré au propriétaire du navire, par le ministre des finances, un diplôme de nationalité dont le capitaine doit toujours être porteur. Cet acte n'est accordé qu'après serment ou caution.

Le navire a un domicile : c'est son port d'attache, où il est inscrit. La loi de 1874 a permis l'hypothèque des navires, à partir de vingt tonneaux. L'hypothèque peut même être constituée sur un navire en construction ; mais il faut alors faire une déclaration préalable au bureau des douanes.

II. Affrètement

L'affrètement est un contrat par lequel le propriétaire d'un navire le loue en tout ou en partie, pour en faire un usage spécial, comme le transport de marchandises d'un point à un autre. Dans la Méditerranée, ce contrat de transport prend le nom de *nolisssement*. Il se fait par l'intermédiaire des courtiers, soit au voyage, soit pour un temps déterminé, soit au tonneau, au quintal, ou à forfait. L'acte qui constate l'affrètement s'appelle *charte-partie* et doit être rédigé par écrit authentique ou sous-seing privé; il énonce : le nom et le tonnage du navire, le nom du capitaine, les noms du fréteur (propriétaire) et de l'affréteur, le lieu et le temps convenus pour la charge et pour la décharge, le prix du fret, si l'affrètement est total ou partiel, enfin l'indemnité convenue pour les cas de retard.

En général, c'est le propriétaire du navire qui consent l'affrètement ; mais le capitaine peut, sans autorisation spéciale, passer le contrat, à condition toutefois qu'il se trouve alors loin du lieu de la demeure du propriétaire ou de son fondé de pouvoir.

Le fréteur doit mettre le navire à la disposition de l'affréteur, tenir le navire en bon état de navigabilité, recevoir les marchandises à bord, délivrer un *connaissement*; transporter la cargaison dans le délai fixé, et la remettre à destination; enfin, répondre de la perte, des avaries et des retards : le tout à peine de dommages-intérêts. Les actions en paiement pour le fret se prescrivent par un an après la fin du voyage, ainsi que toutes demandes en délivrance de marchandises.

Le *connaissement* est la reconnaissance que donne le capitaine des marchandises chargées dans le navire. Cet acte est transmissible par la voie de l'endossement. Il énonce la nature des marchandises, le nom de l'expéditeur, du destinaire, du navire, le lieu de départ et celui d'arrivée, le prix du fret. Cette énumération n'est pas limitative, et il est certain qu'on peut ajouter au connaissement toutes indications jugées nécessaires.

L'acte doit être fait en quatre originaux : pour le chargeur, le destinataire, le capitaine, et l'armateur. Ils sont signés par le chargeur et par le capitaine. Lorsqu'il y a plusieurs chargeurs, chacun d'eux peut exiger du capitaine une reconnaissance immédiate. L'original remis au capitaine est frappé en France d'un timbre de 2 fr. 40. Les connaissements faits à l'étranger ne peuvent prendre leur valeur, en France, qu'après avoir acquitté un droit équivalent à ceux que subissent les connaissements faits en France.

Les difficultés relatives à l'exécution du contrat d'affrètement sont de la compétence du tribunal du lieu où la marchandise doit être livrée, ou, en terme général, du lieu où le contrat de transport doit recevoir toute son exécution. Ainsi, il a été jugé que le courtage dû pour le contrat d'affrètement d'un navire nolisé à Marseille pour le compte d'une maison de Hambourg, était dû conformément à l'usage de Marseille, et non pas d'après celui de Hambourg ; la raison en est que le courtage se paye au port de départ; c'est donc l'usage de ce port qui prévaut, et le tribunal de ce lieu qui est compétent. (Trib. de Marseille, 10 décembre 1860).

Cette règle de la compétence est tellement admise par la jurisprudence, qu'il a été décidé que les contrats maritimes conclus en France, entre Français, mais devant être exécutés à l'étranger, restaient soumis, quant à leur exécution, à la loi du pays où elle devait avoir lieu.

III. Assurances maritimes

L'assurance maritime est un contrat écrit, dont la date est celle du jour où la police est souscrite. Il est important de marquer l'heure, soit avant, soit après midi, conformément à l'article 359 du Code de Commerce ; à seule fin d'établir que l'assuré ignorait encore le sinistre dont il pourrait être victime au moment même de la signature du contrat.

La police ne doit contenir aucun blanc ; mais au cas où cependant elle en contiendrait, sa nullité ne s'ensuit pas. Elle énonce le nom et le domicile de l'assuré, sa qualité de commissionnaire ou de propriétaire ; l'estimation des marchandises ; le nom du navire, celui du capitaine ; l'époque et le port de départ et d'arrivée ; enfin ,la *prime* : c'est-à-dire la somme moyennant laquelle l'assurance est consentie par l'assureur.

Le contrat est rédigé sur timbre de dimension, sous peine d'une amende de 50 francs pour l'assureur et pour l'assuré. L'enregistrement est de un franc, droit fixe , mais au cas où le contrat doit être produit en justice, il est frappé d'un droit d'enregistrement de 1 p .0/0.

Les polices souscrites par des Français en pays étrangers sont régies, quant à leurs formes et énonciations, par la loi du lieu où elles ont été passées, à moins que les parties contractantes n'en aient décidé autrement. Mais, l'assurance passée à l'étranger n'est valable en France qu'autant qu'elle n'est pas contraire aux principes de de notre droit.

L'assurance est totale, ou partielle.

L'assureur peut se réassurer lui-même pour les risques qu'il a garantis, tout en en restant responsable vis-à-vis de l'assuré.

L'assureur répond des avaries, échouement, abordage fortuit, prise, pillage, et d'une manière générale, de toutes pertes occasionnées par fortune de mer.

L'assureur est responsable au cas de *jet*, alors qu'il est nécessaire de sacrifier, de jeter à la mer, pour le salut du navire, un certain poids de marchandises.

L'assureur doit garantir l'assuré contre les pertes et dommages résultant de l'arrêt par ordre de puissance étrangère. En vertu de l'article 350, il répond également, sauf convention contraire, des risques de guerre, même au cas où la guerre n'a été déclarée qu'après la formation du contrat d'assurance. Cependant, l'article 2 de la police française ne met les risques de guerre à la charge des assureurs qu'autant qu'il y a convention expresse.

L'assureur ne répond pas des dommages provenant du fait de l'assuré.

IV. Abordages.

Lorsqu'un abordage se produit entre deux navires dont l'un appartient à l'État, l'action en indemnité est de la compétence exclusive de l'autorité administrative (1).

Si l'abordage a lieu dans les eaux françaises, et que l'abordeur soit étranger, il pourra être traduit par le demandeur français devant un tribunal français.

Cas spécial : Lorsqu'un abordage se produit dans le Canal de Suez, le tribunal compétent est, dans tous les cas, et indépendamment de la nationalité du demandeur, le Tribunal mixte (2).

(1) Arrêts du Conseil d'Etat : 2 Mai 1845. — 15 Fév. 1872.
(2) Convention de 1866, article 16.

V. Avarie grosse, ou commune.

Quand, pour le salut commun, il est nécessaire de jeter des marchandises à la mer, de rompre des mats, d'abandonner des ancres., etc, tous ceux qui ont profité du sacrifice doivent contribuer à la réparation du dommage, dans la proportion du bénéfice qu'ils ont retiré de ce sacrifice. A l'effet de déterminer la part contributive de chacun, il est nommé, soit à l'amiable, soit par décision judiciaire, des experts spéciaux désignés sous le nom de *dispacheurs*.

Il est bien entendu que chacun des contributaires peut exercer un recours contre son assureur.

VI. Capitaine.

Le capitaine est maitre absolu à son bord pendant la traversée.

Il tient, pendant le voyage, le registre des actes de l'état-civil de tous ceux qui se trouvent sur le bâtiment.

Lorsque le navire est destiné au transport des passagers, le capitaine, s'il découvre au moment de l'embarquement qu'un voyageur est atteint d'une maladie contagieuse, peut refuser de laisser ce voyageur monter à son bord.

Il résulte d'un grand nombre de décisions judiciaires que le capitaine doit se prémunir contre les détériorations des marchandises par les rats, en embarquant des chats; il échappe ainsi à la responsabilité qu'il encourrait du fait de cette détérioration (1).

VII. Transport des Voyageurs.

Le contrat qui intervient entre le passager et le capitaine ou la Cie de transports, est un simple contrat de transport qui s'applique à la personne du passager et aux bagages qui l'accompagnent. Cependant, il peut arriver, dans le cas par exemple de bagages en quantité considérable ou d'une grande valeur, que le capitaine ou sa compagnie impose au voyageur un contrat spécial d'affrètement (2).

Un contrat de passage fait par un chef de famille

(1) Trib. de Commerce de Marseille, 20 Juin 1855; — Trib. Com. de la Seine 9 Janvier 1843.

(2). Trib. de Commerce de Marseille, 9 Septembre 1861.

pour lui et pour les siens, est indivisible ; c'est-à-dire que chacun des membres de la famille doit être pourvu de sa place, à peine de résiliation du contrat dans son ensemble, sans préjudice de dommages-intérêts.

Le contrat de transport des passagers est de la compétence du Tribunal du lieu où il a été passé.

VIII. Vente et achat de navires à l'étranger.

Lorsqu'on vend à l'étranger un navire français, le contrat est passé soit à la chancellerie du consulat, soit devant les officiers publics étrangers compétents. Ces actes ont, dans les deux cas, le caractère de l'authenticité.

Le consul doit donner immédiatement avis de la vente à l'administration du port où le navire était immatriculé.

Quand un Français achète à l'étranger un navire étranger pour le faire naturaliser et immatriculer dans un port français, le consul, après s'être assuré par tous les moyens en son pouvoir que le navire est acquis« pour compte français », délivre au capitaine des papiers de bord provisoires.

Le navire doit être aussitôt pourvu de son équipage et de ses officiers (1).

Le consul perçoit les droits de mutation et d'importation.

(1) Circulaire du Ministre des Aff. Etrang. du 22 Décembre 1855.

CHAPITRE XV

LES CONSULS

Les consuls sont des agents que le gouvernement nomme, et entretient à l'étranger, en vertu d'un traité spécial ou convention consulaire passée avec chaque pays.

Les consuls sont munis d'une commision ou patente signée par le chef de l'État ; ils ont aussi des lettres de créance. Ces pièces se communiquent par la vie diplomatique au gouvernement près duquel le consul doit exercer ses fonctions. Après en avoir examiné la forme, le gouvernement y répond par l'acte appelé *exequatur*, qui doit faire reconnaître le nouveau consul par toutes les autorités.

En France, l'exéquatur est lu à l'audience du Tribunal de commerce du lieu où le consul doit exercer ses fonctions.

Les décrets des 21 février, 18 septembre 1880, et 31 mars 1882, ont composé comme suit le personnel consulaire français : Consuls généraux, consuls de première et de seconde classe, consuls suppléants, vice-consuls de première et de seconde classe, les chanceliers de trois classes, et les trois classes de drogmans et interprètes.

Les consuls relèvent immédiatement de l'ambassadeur. Ils sont nommés par décret du Président de la République, sur la présentation du Ministre des Affaires Étrangères.

Quand les consuls ont à recourir à un ministre du pays où ils sont établis, ils le font par l'entremise de leur ambassadeur, ou s'adressent directement en France au Ministre des Affaires Étrangères.

Les consuls jouissent de certains privilèges. Au point de vue politique, ils ne peuvent être poursuivis par les tribunaux pour des actes ordonnés par leur gouvernement. Au point de vue civil, ils sont exempts de toutes les charges qui pourraient gêner leur action officielle ; c'est ainsi qu'ils échappent aux charges de juré, de tuteur, de curateur. Les consuls étrangers sont affranchis des contributions personnelle, mobilière, et des portes et fenêtres, quand les consuls français jouissent du même privilège dans le pays de ces consuls. Au contraire, un français exerçant en France la charge de consul pour un État Étranger, demeure soumis aux obligations imposées par la loi française.

Les consuls sont justiciables, pour toutes contestations civiles et commerciales, des tribunaux des pays où ils sont établis ; avec cette réserve que le jugement intervenu contre eux n'est exécutoire en France qu'après avoir été soumis à la révision des tribunaux français.

Dans le Levant, les consuls chrétiens sont assimilés aux agents diplomatiques. Il en résulte qu'un de ces consuls ne pourrait être poursuivi ni recherché pour des dettes contractées envers un marchand français.

Les archives consulaires sont inviolables, et les autorités locales ne peuvent sous aucun prétexte visiter ni saisir les papiers qui en font partie. (Convention consulaire franco-italienne du 26 juillet 1862.)(1).

Les consuls ne peuvent pas faire le commerce ; ni acquérir des biens-fonds dans les pays de leur résidence ; ni acheter des objets provenant de la vente de prise, ou de naufrage; ni accepter sans autorisation des fonctions étrangères, si ce n'est le remplacement provisoire d'un consul étranger, et encore doivent-ils avertir le Ministre des Affaires Étrangères. Enfin, les consuls ne peuvent se marier

(1) Répertoire Encyclopéd. du Droit fr. Consulats.

sans autorisation du ministre, sous peine de révocation. Ils sont tenus de résider à leur siège officiel, et ne peuvent s'absenter qu'en vertu d'un congé régulier obtenu du ministre.

Attributions des consuls

Attributions. — Ils envoient périodiquement des rapports sur le commerce, la navigation, l'industrie, l'agriculture, du pays où ils se trouvent. Ces renseignements sont communiqués à un comité consultatif des consulats, créé par un décret du 17 juin 1890.

Renseignements commerciaux. — Plus récemment encore, (octobre 1894), il a été établi au ministère des Affaires Étrangères, une sorte d'office de renseignements commerciaux, dirigé par les consuls en congé à Paris. C'est donc à ce bureau spécial que pourront s'adresser les Français, pour obtenir les renseignements nécessaires sur les pays étrangers où ils auraient le projet de se fixer, ou de résider provisoirement.

Le consul est à l'étranger le représentant de la France le plus accessible, celui auquel le Français résidant doit d'abord s'adresser dès qu'il se trouve aux prises avec des difficultés menaçant sa personne ou ses intérêts. Mais il ne faut pas oublier que le consul ne peut intervenir d'une façon efficace qu'autant que la difficulté qui lui est dénoncée présente un intérêt général ou politique.

Marques commerciales. — C'est lui qui dresse à l'étranger, les procès-verbaux concernant les usurpations de marques commerciales et de fabrique.

Il est prudent de se faire inscrire ou immatriculer sur les registres du consulat ; bien que cette formalité soit facultative, elle présente un grand intérêt en ce sens qu'elle est une preuve de la nationalité, et qu'elle permet à ceux qui s'y sont soumis, d'être témoins, et propriétaires de navires français à l'étranger (1).

Protection de la marine marchande. — Les consuls exercent leur surveillance et leur protection sur les navires. Leurs attributions, dans ce cas, sont déterminées et réglées par l'ordonnance du 29 octobre 1833.

Ils font respecter le pavillon français ; constatent les infractions aux règles sur la navigation

(1) Loi du 9 juin 1845

au bornage, c'est-à-dire avec des embarcations ne dépassant pas vingt-cinq tonnes ; ils constatent la mise à l'eau d'un navire français construit à l'étranger. Ils peuvent admettre un navire étranger à la francisation provisoire, moyennant certaines conditions.

A l'arrivée d'un navire, le consul l'inscrit sur un registre ; il surveille l'état sanitaire ; il reçoit le rapport que le capitaine doit lui remettre dans les vingt-quatre heures de son arrivée.

Outre le dépôt des papiers du bord, le consul reçoit deux expéditions des actes de naissance ou de décès survenus à bord, ainsi que les testaments des individus décédés.

Droit de Police. — Le consul exerce un droit de police, qui lui permet de réclamer des autorités locales l'arrestation et la remise des matelots déserteurs, et d'ordonner l'arrestation et la détention à bord des hommes de l'équipage prévenus de crimes.

Ce droit de police est reconnu à nos consuls dans toutes les républiques américaines avec lesquelles la France a conclu des traités de commerce ou de navigation.

Le consul tranche les contestations qui peuvent s'élever entre le capitaine et l'équipage ou les passagers. Il donne au capitaine l'autorisation de faire certains actes tels qu'emprunt sur le navire ou sur les marchandises, et rapatriement des marins. Il délivre les patentes de santé aux navires français à destination de France, et vise la patente délivrée par les autorités locales aux navires étrangers à destination de France.

Naufrage. — En cas de naufrage, le consul pourvoit au sauvetage si les intéressés sont absents, et il en donne avis au ministère de la marine et à l'administration du port de départ et du port d'arrivée. Il pourvoit à tous les frais. En pareil cas, le consul doit intervenir personnellement.

Règlements d'avaries. — Les consuls président au règlement d'avaries communes (1).

Actes de l'État civil. — Les consuls reçoivent les actes de l'état civil des Français à l'étranger. Ils tiennent en partie double des registres cotés et paraphés par eux-mêmes, sur lesquels ils inscrivent les actes qu'ils reçoivent ; une expédition de ces actes doit-être adressée au ministre des Affaires Étrangères. Ils dressent procès-verbal contre le capitaine qui aurait négligé d'enregistrer les

(1) Voir chap. XIV : Avaries grosses ou communes.

naissances ou les décès survenus pendant la traversée (1).

Les expéditions d'actes dressées par les chanceliers et visées par le consul ont la même force probante que celles qui sont dressées en France.

Mariage. — Les publications de mariage sont affichées dans le lieu le plus apparent de la chancellerie du consulat. Aucun consul ne peut célébrer un mariage entre Français, s'il ne lui a été justifié que les publications exigées par la loi ont été faites. Les consuls résidant au-delà de l'Océan Atlantique peuvent accorder des dispenses d'âge.

Quand il y a lieu à rectification d'un acte de l'état-civil émané d'un consul, cette rectification doit être faite par les Tribunaux compétents.

Légalisation. — Les consuls sont chargés de légaliser la signature des actes qui sont soumis à cette formalité. Ils doivent s'assurer que l'acte qui leur est présenté émane bien du fonctionnaire auquel il est attribué, et que ce fonctionnaire avait qualité pour le dresser. La signature du consul doit elle-même être légalisée par le ministre des Affaires Étrangères.

Passeports. — Les consuls délivrent des passe-

_____

(1) Voir chap. I. naissance.

ports aux Français, et visent ceux qui leur sont présentés ; ils délivrent des feuilles de route aux militaires isolés qui demandent à rentrer en France.

Certificats de vie. — Ils peuvent aussi délivrer des certificats de vie aux rentiers et pensionnaires de l'État.

Rapatriement. — Ils accordent ou ordonnent le rapatriement des marins délaissés et des indigents.

§ II. Chanceliers de consulat.

Ils remplissent le rôle de notaire, et comme tels reçoivent les actes authentiques que veulent passer des Français résidant ou voyageant en pays étranger. Ils reçoivent les testaments des Français, en se conformant aux prescriptions du Code civil.

CHAPITRE XVI

LES DOUANES

Les droits dits « *de douane* » constituent une espèce d'impôt dont sont frappées certaines marchandises à leur entrée en France.

On appelle droit de « *statistique* » la taxe perçue sur toutes les marchandises importées de l'étranger, de l'Algérie et de toutes les possessions françaises hors d'Europe. Cette taxe tire son nom de ce qu'elle est établie pour subvenir aux frais de la statistique commerciale : elle est de dix centimes par colis ou par mètre cube ; et de dix centimes également par chaque tête des animaux, vivants ou abattus, appartenant aux espèces cheval, bœuf, âne, chèvre, porc.

Certains objets sont dispensés de cette taxe : les colis postaux, par exemple ; les bagages des émigrants ; les objets appartenant au corps diplomatique ; les échantillons sans valeur marchande.

Les droits « *spécifiques* » frappent les marchandises suivant leur espèce et leur poids ; les droits « *ad valorem* » sont basés sur la valeur déclarée. Nous verrons plus loin qu'ils ne sont plus guère appliqués dans la pratique.

Aux termes de la loi du 11 janvier 1892, le tarif minimum pourra être appliqué aux marchandises originaires des pays qui feront bénéficier les marchandises françaises d'avantages corrélatifs, et qui leur appliqueront leur tarifs les plus réduits.

Les produits étrangers importés dans les colonies, les possessions françaises, et les pays de protectorat de l'Indo-Chine, sont soumis aux mêmes droits que s'ils étaient importés en France.

Les produits originaires d'une colonie française, importés dans une autre colonie française, ne sont soumis à aucun droit de douanes. Les produits étrangers importés d'une colonie française dans une autre colonie française, sont assujettis dans cette dernière au payement de la différence entre les droits du tarif local et ceux du tarif de la colonie d'exportation.

On appelle *admission temporaire*, le droit accordé à certaines marchandises de pénétrer en France sans acquitter de droits, mais à la condition qu'elles n'y séjournent que pour y être transformées, et ce, dans un délai maximum de dix mois.

Le bénéfice de l'admission temporaire ne peut être accordé à aucune industrie qu'en vertu d'une disposition législative, après avis du comité consultatif des arts et manufactures. Toutefois, le Gouvernement peut accorder des autorisations d'admission temporaire dans les cas suivants : Introduction d'objets pour réparations, essais, expérience. — Sacs et emballages à remplir.

Sont maintenues les facultés en matière d'admission temporaires, pour les produits suivants :

Sucre destiné au raffinage ou à la préparation des bonbons.

Métaux.

Blé-froment.

Brôme.

Cacao et sucre destinés à la fabrication du chocolat.

Chapeaux de paille.

Chlorate de potasse.

Crêpes de Chine unis.

Cylindres en cuivre pour la gravure.

Essence de houille,

Fer laminé et ouvrages en tôle ou en fer à galvaniser.

Fils dits de caret pour la fabrication des cordages et ficelles.

Fils de laine retors mesurant en fil simple 45,000 à 45,500 mètres au kilog. pour la confection des lacets d'alpaga.

Fils de schappe et soies moulinées.

Garance.

Girofle.

Graines oléagineuses

Huiles brutes de graines grasses.

Huile brute d'olive.

Huile de palme.

Iode.

Liège brut.

Orge.

Planches de pin et de sapin.

Plomb en masse brute ou en saumons.

Potasse et carbonate de potasse.

Riz en grains et en paille.

Suif brut.

Tartre brut et en cristaux colorés.

Tissus de bourre de soie.

Tissus de soie mélangée.

Tissus foulards écrus.

Tissus de laine, de lin, de chanvre.

Tissu brut ou en saumons.

L'admission temporaire est également accordée aux produits suivants :

Cages de montres pour monteurs de boîtes et planteurs d'échappements.

Tissus de soie pure destinés à être teints, imprimés, apprêtés ou gaufrés.

Pelleteries brutes, à apprêter et à lustrer.

Peaux de gants à teindre.

Fils de poils de chèvre pour la fabrication des velours d'Utrecht, ou pour la teinture.

Cordonnets bourre de soie pour la teinture.

Boîtes de montre à décorer, graver, dorer.

Cuivre et feutre pour le doublage des navires.

Pièces de machines à réparer.

Minerais de cobalt pour la préparation des oxydes.

Glycérine pure pour la raffinerie.

Jus de citron pour la fabrication de l'acide citrique.

Feutre de laine à teindre ou à imprimer.

Gants à broder.

Verres de lunettes à monter.

Cloches de feutre pour chapeaux à teindre.

Chicorée sèche.

Amandes, noisettes en coques ou cassées.

Sont prohibés à l'entrée, exclus de l'entrepôt, du transit et de la circulation, tous produits étrangers naturels ou fabriqués, portant soit sur eux-mêmes, soit sur des emballages, caisses, ballots, enveloppes, bandes ou étiquettes, une marque de fabrique ou de commerce, un nom, un signe, ou une indication quelconque de nature à faire croire qu'ils ont été fabriqués en France, ou qu'ils sont d'origine française.

Cette disposition s'applique également aux produits étrangers naturels ou fabriqués, obtenus dans une localité de même nom qu'une localité française, qui ne porteront pas, en même temps que le nom de cette localité, le nom du pays d'origine et la mention : « *Importé* » en caractères manifestement apparents.

Les marchandises françaises invendues à l'étranger, dont l'origine nationale est reconnue, soit par des marques de fabrique, soit par des caractères inhérents à cette origine, peuvent sur l'autorisation de l'administration des douanes, être réadmises en franchise à leur retour en France.

L'expéditeur de toutes marchandises pénétrant en France doit accompagner son envoi d'une déclaration contenant la qualité, le poids, la mesure, ou le nombre de ces marchandises. Les déclarations énoncent également le lieu du chargement, celui de la destination, et, dans les ports, le nom du capitaine et celui du navire.

Les droits de douane sont acquittés en monnaie ayant cours. Les droits injustement perçus peuvent être réclamés pendant deux ans.

Dans tous les cas de fraude au préjudice de la douane, il est ordonné confiscation des objets passés en fraude, et des moyens de transport qui ont servi au fraudeur.

Il y a lieu à la contrainte par corps pour l'exécution des condamnations pécuniaires encourues pour fraude.

L'administration des douanes peut transiger soit avant, soit après le jugement, sur les procès relatifs aux infractions. Les transactions intervenues ont force de chose jugée en dernier ressort.

Les demandes en paiement de droits formulées par l'administration, sont prescrites par un an, à moins qu'il n'y ait eu contrainte décernée et signifiée.

Nous donnons ci-dessous les tableaux C, D, E, annexés à la loi du 11 Janvier 1892 sur le tarif général des douanes. Les deux premiers sont applicables aux surtaxes qui grèvent les produits importés d'un pays d'Europe, tout en ayant une origine extra-européenne ; et les produits d'origine européenne importés d'ailleurs que des pays de production.

TABLEAU C.

SURTAXES APPLICABLES AUX PRODUITS D'ORIGINE EXTRA-EUROPÉENNE IMPORTÉS D'UN PAYS D'EUROPE.

Sucres de toutes sortes... les 100 kilog. en poudre, dont le rendement présumé au raffinage, est de 98 0/0...................	}	60 fr., plus 7 fr. par 100 kilg. net sur le poids effectif.
Sucres en poudre, dont le rendement présumé au raffinage, est de plus de 98 0/0......................... les 100 kilog.		72
Sucres raffinés autres que candis....	—	72
Sucres raffinés candis.............	—	90
Cafés en fèves..................	—	10
Cacao en fèves...	—	20
Girofle........... *Cannelle*......... } .... *Poivre et piment.*	—	40
Vanille.........	—	10
Thé..................	—	60
Tabac en feuilles..................	—	6
— *fabriqué*..................	—	8
Baumes..................	—	6
Racines, herbes médicinales......	—	5
Ecorces de quinquina...		Exemptes.
Fruits médicinaux...... .... les 100 kilog.		6
Eponges..................	—	5
Ecailles de tortues..................	—	6

Nacre de perle........................	–	6
Guano...............................	—	1 80
Huiles et essences minérales.......	—	5
Borax brut, 1/2 raffiné, ou raffiné.	—	5
Cochenille..........................	—	12
Laque, en teinture ou en trochisques	—	6
Indigo et ses composés.............	—	25
Colle de poisson....................	—	5
Tissus de soie......................	—	100
Laines, en masse et en peaux d'Autralie, du Cap, des Indes............................	Exemples	
Coton de l'Inde, en laine ou non égréné......	—	
Jute, Aloès, phormium tenax, Abaca, fibres de coco, et autres végétaux filamenteux, sauf le coton............................	—	
Tabac de santé, et d'habitude............	—	
Plombagine de Ceylan.................	—	
Porcelaine Chine et Japon......... les 100 kilog.	30	
Émaux cloisonnés....................	—	50
Bronzes.............................	—	40
Nattes et vannerie..................	—	5
Meubles.............................	—	30
Muscades et macis en coques......	—	40
— — sans coques....	—	50
Toutes autres marchandises.......	—	3 60

TABLEAU D.

SURTAXES APPLICABLES AUX PRODUITS D'ORIGINE EURO-
PÉENNE, IMPORTÉS D'AILLEURS QUE DES PRODUITS DE
PRODUCTION.

Peaux et pelleteries brutes........ les 100 kilog.	3	»
Laines en masse....................	—	3 60
Crins bruts, préparés, ou frisés...	—	3 60
Graisses autres que de poisson ou dégras de peaux...................	—	2
Cire brute.........................	—	2
Os et sabots de bétail... | Cornes de bétail brutes |	—	2
Riz en grain ou en paille........	—	1 80
Semoules et pâtes d'Italie.........	—	2 40
Anis vert..........................	—	2
Graines et fruits oléagineux......	—	2
Résines indigènes..................	—	2
Huiles fixes pures, non dénommées..................	—	4
Racines, herbes, écorces médicinales......	—	3
Liège brut.........................	—	1
Buis en bûches ou scié à plus de deux décimètres d'épaisseur....	—	1
Bois de teinture, moulus...........	—	3
Grains durs à tailler..............	—	3 60
Coton, en laine........	—	3

Coton non égréné	—	0 75
Huiles et essences minérales.......	—	5
Potasses	—	2 40
Tartre brut..........................	—	3
Fruits médicinaux.......	—	3
Eponges.......	—	5
Nitrates de potasse et de soude....	—	2 40
Bois communs..,.............	—	1
Bois ouvrés.......................	—	1 50

TABLEAU E.

RÉGIME APPLICABLE AUX PRODUITS IMPORTÉS DES COLONIES, POSSESSIONS FRANÇAISES, ET PAYS DE PROTECTORAT DE L'INDO-CHINE.

H. — Produits d'origine coloniale (1) :

Sucres, mélasses, non destinés à la distillation...................... ...	Tarif métropolitain	
Cacao (fève, beurre).................	1/2	—
Confitures et fruits confits au sucre ou au miel....................	Tarif métropolitain	

(1) Ils ne sont admis au régime de faveur qu'à la condition de l'importation directe, et sur la production des justifications d'origine règlementaires.

Cacao broyé, chocolat, café, thé, poivre, piment, girofle, canelle, muscade, vanille.... .... } 1/2 droit métropol.

Produits non spécifiés ci-dessous............. Exempts

b. — Produits d'origine étrangère :

Importés de l'Algérie, après y avoir été nationalisés par le paiement des droits du tarif métropolitain................. .... Exempts

Importés d'Algérie, après y avoir acquitté des taxes spéciales.................. } Différence entre les droits du tarif algérien, et ceux de la métropole.

Produits ayant joui de la franchise en Algérie, ou en arrivant par suite d'entrepôt ou de transbordement... Tarif métropolitain

Importés des autres colonies ou possessions françaises. .... —

(VOIR LA NOTE)

NOTE. — Le tarif douanier suisse exigeait que les bicyclettes sortant de son territoire fussent munies d'un passavent pour y rentrer en franchise. En vertu d'une modification récente, le plomb de la douane suisse suffira pour assurer cette franchise au retour. En outre, toutes les machines importées de l'étranger seront pourvues d'un plomb de douane qui assurera le remboursement, à la sortie, des frais perçus à l'entrée.

CHAPITRE XVII

Les passeports ne sont exigés d'une *façon absolue* qu'en Russie. Il serait toutefois imprudent de voyager sans passeport dans les pays d'O... en général (Turquie, Roumanie, Grèce, etc.).

Mais il est toujours utile de se munir d'un passeport, à titre de carte d'identité, quel que soit le pays qu'on se propose de visiter.

Le coût des passeports délivrés en France est de 0 fr 60 c. Mais, ils sont soumis au visa des Consulats, dont le prix est variable.

Droits de visa :

Autriche..................	10 fr.
République Argentine.........	5
Brésil..	8 50
Chili......................	5
Espagne	
— domestique	1

Espagne
    —   employé..............   3 fr.
    —   négociant........ ...   5 .
    —   propriétaire......... .   10
Grèce.......................   10
Italie................   5
Mexique.....................   5 45
Pérou......................   10 10
Portugal....................   11 10
Russie   6
Serbie.....................   2 40
Turquie 4 60
Uruguay....................   10 40
Perse   5

Le visa des Affaires Étrangères est gratuit pour les passeports des citoyens français.

La matière des passeports en Allemagne est régie, quant à l'Alsace-Lorraine, par l'Ordonnance du Ministère Impérial, du 21 septembre 1891, ainsi conçue :

« ARTICLE 1ᵉʳ — A partir du 1ᵉʳ octobre 1891, ne « seront plus soumises à l'obligation du passeport, « édictée par ordonnance du 22 mais 1888 (1),

(1) Ordonn. du 22 mai 1888 : « Tout étranger arrivant « en Alsace-Lorraine par la frontière de France, doit être

« que les personnes faisant partie des catégories
« suivantes :

« 1° Les militaires en activité de service, les
« anciens officiers de l'armée active, et les élèves
« des écoles organisées militairement, de l'étranger;

« 2° Les personnes qui ont perdu la nationalité
« allemande avant d'avoir satisfait complètement
« à la loi militaire, et qui ont moins de quarante-
« cinq ans.

« Le visa des passeports sera donné sans frais.

« ARTICLE 2. — Tout étranger qui séjournera plus
« de vingt-quatre heures en Alsace-Lorraine, devra
« faire sa déclaration à la police locale, le lende-
« main de son arrivée, à moins que la déclaration
« n'ait déjà été faite par la personne chez laquelle
« est descendu l'étranger.

« Les personnes désignées dans l'article 1er au-
« ront, en faisant leur déclaration, à exhiber leurs
« passeports visés.

« Les étrangers qui négligeraient de faire la
« déclaration à l'arrivée, s'exposeraient à l'expul-
« sion immédiate.

« porteur d'un passeport revêtu du visa de l'Ambassade
« d'Allemagne à Paris. Le visa ne devra pas remonter à
« plus d'un an. »

« ARTICLE 3. — L'ordonnance du 5 février 1891
« sur les cartes d'étranger, et les dispositions rè-
« glant la présentation des militaires étrangers
« chez les commandants de place, ne sont pas
« modifiés par le présent décret. »

En demandant le visa à l'Ambassade d'Allemagne à Paris, les voyageurs soumis à l'obligation du
passeport devront indiquer les endroits de l'Alsace-
Lorraine où ils désirent se rendre. L'ambassade
les engage également — s'ils le jugent à propos —
à fournir le plus grand nombre possible de renseignements, tant sur le but de leur voyage que sur
les personnes qui pourraient leur servir de répon-
dants en Allemagne.

CHAPITRE XVIII

OBLIGATIONS AUXQUELLES SONT SOUMIS LES MILITAIRES FRANÇAIS VOYAGEANT A L'ÉTRANGER.

Tout citoyen français non encore entièrement libéré du service militaire, est astreint, au cas de voyage à l'étranger, à certaines obligations.

Il doit faire viser son livret militaire par la gendarmerie, au moment de son départ ; puis, arrivé au pays étranger où il doit fixer son séjour, prévenir immédiatement l'agent consulaire de France. Celui-ci délivrera un reçu de la déclaration.

Si pendant son séjour à l'étranger, l'homme change de résidence, il doit chaque fois prévenir l'agent consulaire tant à son départ qu'à son arrivée.

CHAPITRE XIX

LA PROPRIÉTÉ ARTISTIQUE ET LITTÉRAIRE.

A. En France.

Bien que la législation relative à la propriété littéraire et artistique ait souvent varié, quelle ait subi de nombreuses modifications, les deux lois établies à son origine ont subsisté dans notre code. Ce sont les lois du 18 Janvier 1791, et du 17 Juillet 1793. La première, relative aux œuvres dramatiques et musicales, dispose :

« Les ouvrages des auteurs vivants ne pour-
« ront être représentés sur aucun théâtre public,
« dans toute l'étendue de la France, sans le con-
« sentement formel et par écrit des auteurs, sous
« peine de confiscation du produit total des repré-
« sentations, au profit de l'auteur. »

La seconde : « Les auteurs d'écrits en tous
« genres, les compositeurs de musique, les pein-
« tres et dessinateurs qui feront graver des ta-
« bleaux et dessins, jouiront durant leur vie en-

8.

« tière, du droit exclusif de vendre, distribuer
« leurs ouvrages dans le territoire de la Républi-
« que, et d'en céder la propriété en tout ou en
« partie. » — « Leurs héritiers ou cessionnaires
« jouiront du même droit durant l'espace de dix
« ans après la mort de leur auteur. »

La loi du 14 juillet 1866 qui régit actuellement
la matière, a porté ce délai à cinquante ans.

La protection de la loi s'étend à tout ce qui est
œuvre de l'esprit, sans qu'on ait à rechercher la
valeur de cette œuvre. C'est ainsi qu'un livre de
cuisine, un catéchisme, un prospectus, sont considérés par la loi comme une œuvre littéraire. La
Cour de Cassation a décidé, par un arrêt du 14
janvier 1885, que la loi s'appliquait même à un programme de Courses (1). Les tableaux synoptiques,
les compilations et dictionnaires, un catalogue de
musée, les articles de journaux, les manuels de
toutes sortes, les cours des professeurs, etc., etc.,
sont propriété littéraire, et comme tels protégés
par la loi.

Il n'y a pas lieu de se préoccuper de savoir si
l'œuvre a été publiée d'abord en France ou à l'é-
tranger, car un décret du 28 mars 1852, toujours

(1). *Gazette du Palais* — Répertoire Encyclopédique.

en vigueur, et relatif à la protection internationale des œuvres littéraires, n'établit aucune distinction entre les différentes origines de ces œuvres, qu'il protège également.

Voici le texte de ce décret :

« Art. 1er — La contrefaçon, sur le territoire « français, d'ouvrages publiés à l'étranger, et « mentionnés en l'article 425 du Code Pénal (1). « constitue un délit.

« 2. — Il en est de même du débit, de l'exporta-« tion et de l'expédition des ouvrages contrefaits. « L'exportation et l'expédition de ces ouvrages « sont un délit de la même espèce que l'introduc-« tion sur le territoire français, d'ouvrages qui, « après avoir été imprimés en France, ont été « contrefaits chez l'étranger.

« 3. — Les délits prévus par les articles précé-« dents seront réprimés conformément aux arti-« cles 427 et 429 du Code Pénal (2). L'article 463 « du même Code (3) pourra être appliqué.

(1) Éditions d'écrits, compositions musicales, dessins, peinture, ou de toute autre production.

(2) Amende de 100 à 2000 fr. ; confiscation au profit de l'auteur lésé.

(3) Circonstances atténuantes.

« 4. — Néanmoins la poursuite ne sera admise
« que sous l'accomplissement des conditions exi-
« gées relativement aux ouvrages publiés en
« France, notamment par l'article 6 de la loi du
« 19 juillet 1793 (1).

La propriété littéraire et artistique est une véritable propriété en tout assimilable à la propriété
ordinaire des choses. En droit, elle est considérée
comme mobilière, c'est-à-dire qu'elle suit le sort des
meubles : que, par exemple, elle tombe dans la communauté entr'époux, du moins quand à ses produits.

Cette propriété peut, comme toute autre propriété, se transmettre par donation ou testament,
être cédée, du vivant de l'auteur, à titre gratuit ou
onéreux.

Nous avons vu que les œuvres littéraires ou
artistiques étrangères sont protégées en France
par le décret du 28 mars 1852. Nous allons examiner maintenant quelle situation est faite, hors
de France, aux auteurs étrangers.

B. — Hors de France.

Indépendamment de la Convention de Berne

(1) Dépôt à la Bibliothèque Nationale de deux exemplaires, contre reçu délivré par le bibliothécaire.

dont nous parlerons plus loin, la France a des traités, pour la garantie de la propriété littéraire, avec presque tous les pays du monde.

Le traité conclu avec le Grand-Duché de Bade (3 avril 1854) est basé sur la réprocité de la protection, sans que cette protection puisse d'ailleurs être plus étendue que celle dont jouit l'auteur dans son pays. Pour obtenir les bienfaits de cette protection, *il suffit à l'auteur d'établir par un témoi-* « *gnage émanant de l'autorité publique compé-* « *tente en chaque pays, que l'ouvrage en ques-* « *tion est une œuvre originale qui, dans le pays* « *où elle a été publiée, jouit de la protection lé-* « *gale contre la réimpression illicite ou la contre-* « *façon* » (1).

Aux termes de deux nouvelles conventions, en date du 2 juillet 1857, et du 12 mai 1865, les auteurs auront dans chaque pays les avantages qui y sont attribués par la loi à la propriété des ouvrages littéraires, et ils auront la même protection et le même recours légal contre toute atteinte portée à leurs droits, que si cette atteinte avait été commise à l'égard d'auteurs d'ouvrages pu-

---

(1) Article 3 de la Convention. — Recueil des Traités de la France, par Declercq.

bliées pour la première fois dans le pays même.

Tous les autres traités signés par la France ont des bases semblables à celles du précédent. Nous nous bornerons donc à indiquer les pays, et la date des conventions.

Belgique. — 2 Août 1852 ; 1er Mai 1861 : 31 octobre 1881.

Espagne. — 15 Novembre 1853 ; 16 Juin 1880.

Grande-Bretagne. — 3 Novembre 1851 ; 11 Août 1875.

Pays-Bas. — 29 Mars 1855.

Portugal. — 12 Avril 1851 ; 11 Juillet 1866.

Genève — — (convention conclue à Berne le 30 Octobre 1858 ; convention entre la France et la Confédération Helvétique, le 30 Juin 1864.)

Italie. — 29 Juin 1862 ; 9 Juillet 1884.

Luxembourg. — 4 Juillet 1856 ; 20 Juin 1888 (Accession à la convention de Berne).

Russie. — 6 Avril 1861.

San-Salvador. — 9 Juin 1880.

Allemagne. — 19 Avril 1883.

Suède-Norvège. — 15 Février 1884.

Bolivie. — 8 Septembre 1887,

Equateur. — 12 Mai 1888.

Union de Berne.

Le 27 Juin 1884, une conférence se réunissait à Berne, réunissant les délégués de l'Allemagne, de l'Autriche, de la Belgique, de la Costa-Rica, de la France, de la Grande-Bretagne, d'Haïti, des Pays-Bas, de la Suède et de la Norvège, et de la Suisse.

On n'aboutit qu'à des projets.

Une nouvelle conférence eut lieu le 7 Septembre 1885, et cette fois fut mis au jour le projet qui devait devenir définitif sous le nom de Convention ou Union de Berne, le 9 Septembre 1886. La Convention fut signée par l'Allemagne, la Belgique, l'Espagne, la France, la Grande-Bretagne, la République d'Haïti, l'Italie, La République de Libéria, la Suisse, la Tunisie (1).

Nous avons vu plus haut, dans la nomenclature des traités passés avec la France, que le Luxembourg fit acte d'adhésion à l'Union de Berne, le 20 Juin 1888.

Les États contractants se garantissent récipro-

____

(1) Les États-Unis d'Amérique ne font pas partie de l'Union.

quement la protection des œuvres littéraires ou artistiques, sans que cette protection puisse jamais être plus longue que celle qui est accordée à l'auteur dans son propre pays. Par contre, si la loi nationale du pays où la protection est réclamée n'accorde qu'une protection de durée moindre que dans le pays de l'auteur réclamant, c'est néanmoins cette protection de durée moindre qui est accordée.

La protection qui est accordée en France pendant cinquante ans, l'est en Espagne et en Italie pendant quatre-vingts ans, et pendant trente ans seulement en Allemagne.

La convention de Berne s'applique à « *toute production quelconque du domaine littéraire, scientifique ou artistique, qui pourrait être publiée par n'importe quel mode d'impression ou de reproduction.* » (1).

La *traduction* n'est protégée que pendant dix ans, sous réserve, bien entendu, des dispositions des traités particuliers qui peuvent ou pourront étendre cette protection entre les états contractants. En d'autres termes, cette protection décen-

(1) Article 4 de la Convention.

nale n'est applicable qu'entre pays unionistes n'ayant pas de traités.

Congrès Sud-Américain de Montévidéo.
(1888-89) (1).

Une conférence ayant pour but de fixer les bases de la protection à accorder aux œuvres littéraires ou artistiques, se réunit dans le Sud de l'Amérique en 1888. Sept États y furent représentés : L'Uruguay, la République Argentine, le Paraguay, le Brésil, le Chili, le Pérou, et la Bolivie.

Les signataires reconnaissent et protègent les droits de la propriété littéraire et artistique. L'auteur et ses successeurs jouiront, dans les états signataires, des droits que leur accordera la loi de l'État où aura eu lieu la première publication ou production de l'œuvre.

Le droit de propriété comprend la publication et la traduction. La durée de la protection pourra être limitée à celle qui est accordée dans le pays d'origine, si elle y est moindre.

Les œuvres littéraires et artistiques protégées sont les livres, brochures, œuvres dramatiques,

(1) Revue de Droit International, 1889.

9

chorégraphiques, musicales avec ou sans paroles, dessins, peintures, sculptures, gravures, photographies, lithographies, cartes géographiques, plans, croquis d'architecture.

Les adaptations ou arrangements non autorisés d'une œuvre littéraire ou artistique, sont considérés comme contrefaçons.

Les gouvernements se réservent toujours le droit de prohiber sur le territoire la reproduction ou la circulation d'ouvrages littéraires ou d'œuvres artistiques contraires à la morale.

CHAPITRE XX

MARIAGE DES FRANÇAIS A L'ÉTRANGER

Les mariages entre Français se font valablement, à l'étranger, devant le consul de France remplissant les fonctions d'officier de l'État civil. (1).

Toutes les prescriptions du Code Civil doivent être observées. Les publications sont affichées dans le lieu le plus apparent de la chancellerie du consulat, et transcrites à leur date sur un registre spécial.

Le consul ne peut célébrer un mariage entre Français, s'il ne lui a été justifié des publications faites dans le lieu de sa résidence, en outre de publications faites en France, lorsque les deux futurs ou l'un d'eux ne sont pas résidants depuis six mois dans le pays du Consulat, ou si les parents sous la puissance desquels se trouve l'une

(1) Voir plus haut, ch. xv : *Attributions des consuls.*

ou l'autre des parties relativement au mariage, ont leur domicile en France.

Dans certains cas graves laissés à l'appréciation des consuls, ils peuvent dispenser de la seconde publication, lorsqu'il n'y a pas eu d'opposition à la première, ou qu'une main-levée leur en a été représentée.

Les consuls résidant dans des pays situés au delà de l'Océan Atlantique, peuvent accorder des dispenses d'âge, mais à charge d'en rendre compte au ministre des Affaires Etrangères.

Le mariage à l'étranger entre Français, ou entre Français et étrangers, peut encore être contracté valablement, s'il est célébré dans les formes usitées dans le pays, pourvu qu'il ait été précédé des publications requises, et que le Français n'ait pas contrevenu aux dispositions de la loi française. Par exemple, le mariage contracté par un français à l'âge de 14 ans, en Angleterre, serait valable dans ce pays et nul dans le nôtre.

Dans les trois mois de son retour en France, le français doit faire transcrire sur le registre de l'État civil de son domicile, l'acte de célébration du mariage qu'il a contracté à l'étranger.

Comme on vient de le voir, la validité d'un tel mariage dépend, aux regards de la loi française, de l'application parfaite des formalités imposées par la loi étrangère. Il est donc utile d'indiquer quelles sont ces formalités dans les principaux pays.

§ 1. En Allemagne.

En Allemagne, le mariage est un acte essentiellement civil. Les parties doivent donner leur libre consentement, et avoir atteint l'âge de nubilité. La célébration civile, seule indispensable, doit toujours précéder la cérémonie religieuse. L'article 18 d'une loi spéciale de 1874, dispose : « *Dans le territoire de l'empire, un mariage juridiquement valable ne peut être conclu que devant l'officier de l'Etat civil. Il n'est permis de procéder aux cérémonies religieuses du mariage qu'après la conclusion du mariage devant le dit officier* » (1).

Le Code pénal allemand punit les infractions à cette règle (2).

(1) Lehr. *Droit civil germanique.*
(2) Art. 337 : Amende de cent thalers, au plus ; ou emprisonnement pendant 3 mois au plus.

§ 2. En Angleterre

En Angleterre, nul ne peut se marier s'il n'a atteint l'âge requis par la loi, savoir 14 ans pour l'homme, 12 ans pour la femme. Les futurs époux doivent donner leur consentement, et rapporter celui de leurs parents. Trois publications sont faites dans la paroisse où le mariage doit être célébré, et il est délivré aux futurs époux un certificat de publication. Le mariage doit avoir lieu, sous peine de nullité, dans les trois mois de la date de ce certificat.

Les époux ont la faculté de choisir le mariage civil ou le mariage religieux. Le mariage civil est célébré par un officier de l'État civil appelé *Registrar*, assisté de deux témoins ; constatation de la cérémonie est faite sur un registre spécial.

On ne peut se marier que de huit heures du matin à midi.

Les ecclésiastiques tiennent un double registre des mariages ; ils doivent, plusieurs fois par an, en délivrer copie au « *superintendent registrar* » du district.

Il est à remarquer que le mariage de deux français contracté en Angleterre en fraude de la loi française, et annulé en France, serait validé en Angleterre, si les formes avaient été observées.

§ 3. En Belgique

En Belgique, les lois en vigueur sont les mêmes qu'en France ; les formalités relatives au mariage sont donc exactement les mêmes, c'est-à-dire que les publications légales doivent être faites, et que l'officier de l'état civil doit s'assurer du consentement des parties et de celui des parents.

Une Convention intervenue entre la France et la Belgique, à la date du 18 octobre 1879, et relative aux pièces nécessaires au mariage, dispose ainsi :

« *Les actes à produire pour contracter mariage, en France par les sujets belges, en Belgique par les citoyens Français, seront à l'avenir admis par les officiers de l'État civil des deux pays respectivement, lorsqu'ils auront été légalisés soit par le Président d'un Tribunal, soit par un juge de paix ou son suppléant. Aucune autre légalisation ne sera exigée par l'officier de l'État civil, hormis le cas où il aurait lieu de mettre en doute l'authenticité des pièces produites.* »

§4. En Espagne

En Espagne les parties peuvent adopter le mariage civil ou le mariage *canonique*.

Le mariage canonique n'est soumis à aucune formalité ; il est célébré par un prêtre qui doit permettre la présence d'un juge municipal chargé de veiller à l'inscription immédiate du mariage sur le registre civil. Ce mariage produit tous ses effets civils dès qu'il a été inscrit au registre.

Le *mariage civil* est précédé d'une déclaration faite au juge municipal, contenant les noms, prénoms, âge, profession, domicile, des parties et de leurs parents. On y joint l'acte de naissance et l'acte d'autorisation des parents.

L'une des parties contractantes peut ne pas être présente, et se faire représenter par un mandataire muni d'un pouvoir spécial (1).

Le juge municipal fait apposer des affiches ou publications pendant quinze jours. Si les futurs époux, ou l'un des époux seulement, sont étrangers, et qu'ils résident en Espagne depuis

(1) Levé, *Code Civil espagnol.*

moins de deux ans, ils devront fournir un certificat de l'autorité compétente, établissant que des
publications ont été faites au lieu, du dernier domicile des deux années qui ont précédé.

S'il s'est écoulé une année depuis les publications, il devra en être fait de nouvelles avant la
célébration du mariage.

L'acte de mariage est signé par le juge, les
parties, les témoins, et le secrétaire du tribunal.

Comme en France, la femme espagnole qui
épouse un étranger, suit la condition de son
mari.

§ 5. Aux Etats-Unis.

Aux Etats-Unis, le mariage est un acte exclusivement civil; il n'est soumis à aucune espèce de
formalités. Une simple déclaration faite par les
parties devant un magistrat, ou même en présence de témoins, constitue toute la cérémonie.
Nul délai de résidence n'est imposé, nul consentement de parents n'est requis; le mariage peut
être valablement contracté à toute heure et en
tous lieux.

9.

§6. En Italie

En Italie, l'acte essentiel du mariage est purement civil; les parties peuvent recourir au ministère d'un prêtre, soit avant, soit après la cérémonie civile, mais l'union n'est définitive qu'après la déclaration faite devant l'officier de l'État civil, constatant le consentement des futurs époux et de leurs parents, en présence de témoins mâles et majeurs.

§7. Grand-duché de Luxembourg

Dans le grand-duché de Luxembourg, le mariage est régi par les lois françaises. Une convention conclue entre ce pays et la France, à la date du 24 décembre 1867, règle le mode de légalisation des pièces à fournir par les nationaux des deux pays pour contracter mariage. Les termes de cette convention, qui a servi de modèle à celle conclue avec la Belgique en 1879, ont été rapportés plus haut. (*Voir § 3. — En Belgique.*)

§. 8. — En Russie

En Russie, le mariage est essentiellement et exclusivement religieux. Toutefois, un mariage civil contracté en France par un Français avec une Russe, est réputé valable en Russie.

La loi ne permet le mariage qu'à partir de l'âge de nubilité, c'est-à-dire dix-huit ans pour l'homme, et seize ans pour la femme. Le mariage est interdit aux octogénaires, ainsi qu'à ceux qui ont été déjà mariés trois fois. Le consentement des époux, celui des père et mère, tuteur ou curateur, est requis par le pope qui célèbre le mariage et en transcrit l'acte sur les registres de mariage de la paroisse.

Une publication doit être faite trois dimanches de suite.

Lorsque l'un des époux n'appartient pas à l'Église Russe, il est obligé de prendre l'engagement écrit de respecter les convictions religieuses de l'autre, de faire baptiser dans la religion Gréco-Russe les enfants à naître, et de n'exercer sur son conjoint aucune influence de nature à ébranler sa foi(1).

(1) LEHR, *Droit Civil russe.*

Les mariages entre catholiques grecs et catholiques romains sont nuls, tant qu'ils n'ont pas été bénis par un prêtre gréco-russe.

L'étrangère qui épouse un russe devient russe comme son mari ; la femme russe qui épouse un étranger suit la condition nationale de son époux.

§ 9. En Suisse

En Suisse, pendant longtemps chaque canton fut régi par des lois qui lui étaient propres. L'unité de législation ne fut établie dans la République Helvétique que par la loi fédérale du 24 décembre 1874.

Nous allons exposer rapidement les dispositions de cette loi relatives au mariage.

Pour contracter mariage, l'homme doit être âgé de 18 ans accomplis, la femme de 15 ans.

Avant la célébration du mariage, l'officier de l'Etat-Civil fera deux publications à huit jours d'intervalle, un jour de Dimanche, devant la porte de la maison commune. Ces publications, et l'acte qui en sera dressé, énonceront les prénoms, les noms, professions et domicile des futurs époux, leur qualité de majeurs ou mineurs, et les noms, prénoms. professions et domicile de leurs pères et mères. Cet acte énoncera en outre les jours, lieux, et heures où les publications auront été faites ; il sera inscrit sur un registre coté et paraphé, et déposé au greffe du Tribunal Civil.

Un extrait de l'acte de publication restera affiché à la porte de la maison commune pendant les huit jours d'intervalle de l'une à l'autre publication. Si le mariage n'a pas été célébré dans l'année des publications, il ne pourra plus l'être qu'après de nouvelles publications.

L'officier de l'Etat-Civil se fait remettre : 1° L'acte de naissance des futurs époux. Si l'un d'eux était dans l'impossibilité de fournir cet acte, il devrait y suppléer par un acte de notoriété délivré par le juge de paix du lieu de sa naissance ou de son domicile, et qui devra être homologué par le Tribunal Civil. — 2° L'acte authentique du consentement des pères et mère.

Si le futur époux est étranger à la Suisse, la publication n'est faite que sur la présentation d'une déclaration des autorités étrangères compétentes, constatant que le mariage sera reconnu avec toutes ses conséquences légales.

Le Gouvernement Cantonal est autorisé à dispenser de cette formalité, et à admettre, à défaut de la déclaration exigée, telle autre justification suffisante.

Le domicile, relativement au mariage, s'établit par six mois de résidence continue dans la même commune.

Une cérémonie religieuse ne peut avoir lieu qu'après la célébration légale du mariage par le fonctionnaire de l'Etat-Civil, et sur la présentation du certificat de mariage.

§ 10. En Suède

En Suède, le mariage est simplement religieux quand les époux appartiennent tous deux à l'Eglise Suédoise ; si l'un d'eux appartient à une église dissidente, le mariage est contracté civilement devant le magistrat de la ville. Le libre consentement donné par les époux en présence de leurs parents ou de témoins quelconques, par devant le magistrat, constitue la seule formalité requise pour la validité du mariage.

Dans le cas ou l'époux appartient à une autre religion que la fiancée, des publications sont faites au domicile de celle-ci, c'est-à-dire à l'église suédoise du district qu'elle habite. Les publications sont lues à haute voix par le pasteur, au moment des offices. (Loi du 31 octobre 1873) (1).

§. 11. — Nous ne parlerons que pour mémoire du mariage selon le droit *musulman*. Un infidèle ne peut épouser une musulmane.

Le mariage d'un musulman avec une infidèle, est un acte purement civil constitué par la simple déclaration des futurs époux, en présence de deux témoins, qu'ils consentent à s'unir en mariage. Les témoins doivent être libres, majeurs. sains d'esprit, et musulmans.

L'acte écrit contient les noms des époux, la mention de leur consentement, et le chiffre de la dot constituée. C'est donc en même temps un acte et un contrat de mariage.

(1) R. de la Grasserie, *Codes Suédois.*

CHAPITRE XXI

RECONNAISSANCE DES ENFANTS NATURELS

La reconnaissance des enfants naturels, à l'étranger, est un acte qui touche intimement à l'état des personnes ; il doit donc être soumis aux lois personnelles. (1)

Néanmoins, cet acte peut être rédigé à l'étranger suivant les formes usitées dans le pays, et il fera foi à condition de n'être pas en opposition avec les lois françaises.

Les points sur lesquels la loi étrangère doit être d'accord avec la loi française sont les suivants :

1° La reconnaissance d'un enfant naturel sera faite par un acte authentique. lorsqu'elle ne l'aura pas été dans son acte de naissance ;

2° Cette reconnaissance ne pourra avoir lieu au profit des enfants nés d'un commerce incestueux ou adultérin ;

(1) Voir ch. IV : *Des statuts.*

3° La reconnaissance du père, sans l'indication et l'aveu de la mère, n'a d'effet qu'à l'égard du père (1) .

En *Allemagne*, comme en France, la reconnaissance est faite dans l'acte de naissance, ou, postérieurement, par acte authentique.

En *Angleterre*, les enfants naturels ne peuvent *jamais* être légitimés, même par mariage subséquent.

En *Espagne*, la reconnaissance peut avoir lieu, soit dans l'acte de naissance, soit dans un testament, soit dans un autre document public. L'enfant majeur ne peut être reconnu sans son consentement. Lorsque la reconnaissance est faite autrement que dans l'acte de naissance ou par testament, elle doit être homologuée par un jugement du Tribunal.

Aux *États-Unis*, la reconnaissance des enfants naturels est admise, et, dans presque tous les États, « *on reconnaît à l'enfant naturel certains droits à la succession de sa mère et de son père* » (2).

La loi *Russe* est muette sur la reconnaissance des enfants naturels, et sur ses formalités. Elle

(1) Code civil, art. 334, 335, 336.
(2) COLFAVRU, *le mariage aux États-Unis.*

ne fait allusion qu'à une reconnaissance forcée, en vertu d'une décision impériale.

En *Suisse*, comme en France, la reconnaissance se fait dans l'acte de naissance, ou, postérieurement, dans un acte authentique. Elle ne peut avoir lieu au profit des enfants incestueux ou adultérins.

Le code *Prussien* admet la reconnaissance des enfants adultérins ou incestueux.

CHAPITRE XXII

DES TESTAMENTS.

Avant d'examiner comment et dans quelles formes le Français peut tester à l'étranger, il convient de rappeler les règles générales et les formes du testament en France, telles qu'elles sont établies par le Code Civil.

Le testament *olographe* doit être écrit en entier, daté et signé de la main du testateur ; il n'est assujetti à aucune autre forme.

Le testament *authentique* est reçu par deux notaires, en présence de deux témoins, ou par un seul notaire en présence de quatre témoins. Il est dicté et signé par le testateur ; il est également signé par les témoins. Ne peuvent être témoins ni les légataires, ni leurs parents ou alliés jusqu'au quatrième degré inclusivement, ni les clercs des notaires qui ont reçu l'acte.

Le testament *mystique* ou *secret*, est écrit et

signé par le testateur. L'enveloppe qui le contient est close et scellée. Le testateur le présente en cet état au notaire, en présence de six témoins, et déclare que le contenu est son testament. Le notaire en dresse l'acte de suscription sur le papier même qui renferme le testament, et le fait signer, par le testateur et par les témoins, et le signe lui-même.

Les témoins devront être mâles, majeurs, Français, et jouissant de tous leurs droits civils.

Le Français résidant ou voyageant à l'étranger, pourra faire ses dispositions testamentaires en la forme olographe, ou par acte authentique avec les formes usitées dans le lieu ou cet acte sera passé. Il pourra encore faire recevoir son testament par les chanceliers des Consulats de France, en présence de témoins, et cet acte ainsi reçu aura alors le caractère authentique (1).

En *Angleterre,* le testament est écrit par le

(1) Il importe que le texte du testament soit rédigé avec le plus grand soin; l'omission de la moindre formalité peut en entraîner la nullité. C'est ainsi que la date doit être écrite en *toutes lettres*; que, s'il y a, dans le corps de l'acte, des mots rayés ou remplacés, il doit en être fait mention à la fin de l'écrit, et avant la signature. (*Voir aux Formules, à la fin du volume*).

testateur en présence de deux témoins qui doivent y apposer leur signature après une formule appelée « attestation » ainsi conçue : « *Signé et déclaré par le sieur X.., comme étant l'expression de ses dernières volontés et son testament, en présence de nous deux, présents en même temps, lesquels, à sa requête, en sa présence et en la présence l'un de l'autre, avons ci-dessous apposé notre signature comme témoins.* » (1)

Le testament disposant de biens meubles, doit être homologué par la Cour du district.

En *Allemagne*, les testaments peuvent, comme en France, affecter les formes olographe, mystique et authentique.

En *Espagne*, on admet deux sortes de testament. L'un est le testament *verbal*, passé par devant un notaire de l'arrondissement assisté de trois témoins, ou en présence de sept témoins sans notaire. L'autre est le testament *écrit* ; il est remis, en présence de sept témoins à un notaire qui, comme en France pour le testament mystique, dresse un acte de suscription signé par lui et par les sept témoins.

Les témoins doivent être mâles, majeurs de

(1) Lehr, *Droit Civil Anglais.*

14 ans, et capables de comprendre l'importance de l'acte auquel ils coopèrent.

Aux *États-Unis*, les formes testamentaires sont régies par une loi en date du 20 Mars 1872 (1). Le testateur doit être en possession complète de ses facultés intellectuelles. Le testament est écrit et signé de la main du testateur ou d'une autre personne, mais sous ses yeux et par son ordre, en présence de deux témoins. Affirmation doit être faite par ceux-ci devant la cour de Comté de la résidence habituelle du testateur.

En *Italie*, le testament revêt les formes françaises; toutefois, le testament mystique peut se faire en présence de quatre témoins seulement. En matière testamentaire, les étrangers sont admis comme témoins, mais à condition qu'ils résident en Italie.

En *Portugal*, on connaît deux sortes de testaments : le testament *public*, et le testament *secret*.

Le testament public se fait devant un notaire assisté de cinq témoins qui doivent attester l'identité du testateur et la plénitude de ses facultés mentales. Le testament est signé et daté avec in-

(1) Annuaire de Législation Étrangère.

dication du lieu où il a été fait ; les témoins y apposent également leur signature.

Si le testateur ne sait pas écrire, la présence de six témoins est nécessaire ; l'un de ceux-ci, désigné par le testateur, signe à sa place.

Le testament secret est écrit et signé par le testateur, et remis à un notaire en présence de cinq témoins ; le notaire en dresse une description matérielle, et le scelle après l'avoir fermé, le tout en présence des mêmes témoins. Le testateur peut conserver le testament ainsi fermé, entre ses mains, ou le laisser au notaire, ou le remettre à un tiers.

En *Russie*, on connaît le testament *authentique* qui doit être présenté par le testateur aux autorités, ou à un notaire qui l'inscrit parmi ses minutes, en présence de trois témoins.

Un autre genre de disposition de dernière volonté, le testament *domestique*, doit être présenté après la mort du testateur, aux autorités judiciaires.

Les témoins appelés à figurer dans la confection du testament authentique ne peuvent profiter des dispositions qui y sont contenues ; de même les parents des légataires jusqu'au quatrième degré, et leurs alliés jusqu'au troisième degré, ne peuvent servir de témoins ; sont également exclus les exécuteurs testamentaires.

En *Suisse*, le testament peut être fait suivant la forme *olographe* ou la forme *notariée*. Dans ce dernier cas, le notaire rédige le testament sur les indications du testateur, qui le signe, et déclare à deux témoins que le papier qu'il leur montre contient l'expression de ses dernières volontés. Le notaire dresse procès-verbal de cette déclaration et le fait signer aux témoins. Les témoins devront être mâles, capables de contracter, et jouissant de leurs droits civiques ; ils ne peuvent avoir aucun intérêt au testament, non plus que leurs ascendants ou descendants ou parents et alliés jusqu'au troisième degré inclusivement. Le testament olographe est écrit en entier, daté et signé, par le testateur ; il doit être déposé au greffe du Tribunal Civil ou chez un notaire. En cas d'impossibilité matérielle de remplir les formalités imposées par la loi, ou en cas d'extrème urgence, le testament peut être fait verbalement, en présence de deux témoins âgés de 18 ans accomplis, ou même, à défaut de témoins mâles, en présence de femmes.

Dans ce cas, les témoins doivent, dans les quarante-huit heures, faire une déclaration solennelle, sous serment, au Président du Tribunal Civil.

Si le testament régulier redevient possible, le testament verbal est annulé.

CHAPITRE XXIII

Lorsque des successions s'ouvrent à l'étranger au profit de citoyens français, et que les héritiers sont absents ou mineurs, les consuls apposent les scellés au domicile du défunt, et font l'inventaire soit seuls soit concurremment avec les magistrats du pays. Dans ce dernier cas, l'inventaire est rédigé en deux exemplaires, l'un en français, l'autre dans la langue du pays.

Mais comme la faculté et les modes d'acquérir la propriété ne sont pas les mêmes dans les différents Codes, il est intéressant d'examiner la situation faite aux étrangers, — c'est-à-dire, dans l'espèce, aux Français, — dans les différents pays du monde, en matière d'acquisition de propriété par voie de succession.

L'Allemagne et *l'Autriche* accordent aux étrangers les mêmes droits qu'aux nationaux, sous la réserve, toutefois, de la réciprocité ; c'est-à-dire à condition que le pays auquel appartient l'étranger accorde les mêmes avantages aux nationaux Allemands et Autrichiens. C'est le cas pour la France (*Code Civil, art. 11.*)

En *Angleterre,* l'étranger est assimilé au citoyen britannique de naissance pour tout ce qui concerne la possession, jouissance, acquisition ou transmission par tous les modes légaux de la propriété mobilière et immobilière. (Lois de 1844 et de 1870.) (1) L'étranger peut donc succéder *ab intestat,* et recueillir par ce mode même une succession immobilière.

Mais la loi anglaise établit une réserve assez curieuse : c'est que ces dispositions, en somme libérales, ne s'appliquent qu'à l'étranger « *ami* » et que tous les droits qui lui sont accordés cesseraient d'exister au cas d'une guerre entre l'Angleterre et la nation à laquelle il appartient. Dans une telle circonstance, l'étranger ne peut passer aucun contrat suivi d'effets, et, jusqu'à la cessation des hostilités, les effets de ceux qu'il a passés avant leur ouverture. restent suspendus. Jusqu'à la conclusion de la paix, ses biens sont exposés à la confis-

(1) WEISS. *Droit International.*

cation. « Il est vrai que dans la pratique, enseigne
« M. A. Weiss, cette mesure rigoureuse ne vise
« que les biens apportés par l'étranger dans le
« royaume après la déclaration de guerre, et sans
« l'autorisation du Gouvernement. »

En *Belgique*, comme en France, les étrangers
sont capables d'acquérir par voie de succession,
sous la réserve de la réciprocité.

Au *Brésil*, ce sont les Juges des orphelins et des
absents qui ont le devoir de communiquer aux
agents consulaires le décès des sujets étrangers,
dont les biens seraient dévolus à des héritiers
étrangers, aux termes des conventions consulaires (1).

En *Espagne*, au cas de succession *ab intestat*,
d'un étranger domicilié ou de passage en Espagne,
l'inventaire des biens mobiliers est fait, conjointe-
ment avec le consul du défunt, par l'autorité espagnole qui prend toutes les mesures conservatoires
nécessaires jusqu'à ce que les héritiers soient
présents.

Les *États-Unis* ont signé avec la France, le
23 février 1853, un traité dont l'article 7 est ainsi

(1) Arrêté du 30 juillet 1885. (*Annuaire de législation
étrangère.*)

conçu : « Dans tous les États de l'Union où les lois actuelles le permettent, aussi longtemps que lesdites lois resteront en vigueur et avec la même portée, les Français jouiront du droit de posséder des biens meubles et immeubles, au même titre et de la même manière que les citoyens des États-Unis ; ils pourront en disposer librement et sans réserve, à titre gratuit ou onéreux, par donation, testament, ou autrement, comme les habitants eux-mêmes, et ne seront dans aucun cas soumis à des droits de mutation, de succession, ou autres, différents de ceux payés par ces derniers, ou à des taxes qui ne leur seraient pas également imposées.

« Quant aux États de l'Union dont la législation actuelle ne permet pas aux étrangers de posséder des biens immeubles, le Président s'engage à leur recommander de passer les lois nécessaires pour leur conférer ce droit. » (1).

Les États de l'Alabama et du Missouri n'admettent pas la capacité de l'étranger à posséder des immeubles ; l'Arkansas et la Caroline du Sud ne lui reconnaissent ce droit que s'il manifeste l'intention de se faire naturaliser citoyen des États-Unis.

(1) DE CLERCQ, *Recueil des Traités de la France*, Tome 6.

En *Italie*, les droits civils de l'étranger sont absolument égaux à ceux du national ; il peut donc acquérir par succession, tant mobilière qu'immobilière.

En *Portugal*, l'article 26 du Code Civil dispose que les étrangers qui voyagent ou résident en Portugal ont les mêmes droits civils que les nationaux portugais, relativement aux actes susceptibles de produire leurs effets dans le royaume. On doit donc conclure de cette disposition que les étrangers jouissent du droit d'acquérir par succession la propriété mobilière et immobilière.

En *Russie* (1), la matière est réglée par un ukase impérial en date du 17 mars 1887, ainsi conçu :

« Dans les dix provinces du royaume de Pologne, ainsi que dans les provinces de Bessarabie, Vilna, Vitebsk, Volhynie, Grodno, Kiew, Kovno, Courlande, Livonie, Minsk, et Podolie, les ressortissants étrangers ne pourront acquérir désormais par n'importe quel mode et en vertu de n'importe quelle stipulation admise par les lois, soit générales soit locales, en dehors des ports et des villes, au-

---

(1) Annuaire de législation étrg. — Article de M. le Comte J. Kapnist, membre du conseil de l'Empire.

10.

cun droit de propriété sur les immeubles, ni de jouissance ou de possession résultant d'un affermage. Cette prohibion ne s'applique pas à la location de maisons de campagne pour usage temporaire et résidence personnelle.

« En ce qui concerne le droit de succession des ressortissants étrangers, aux immeubles sis en dehors des ports et des villes, les restrictions suivantes sont établies pour les provinces énumérées plus haut : 1° La succession en ligne directe descendante et entre époux, aux biens laissés par un ressortissant étranger décédé, est admise si l'héritier a établi sa résidence en Russie antérieurement à la promulgation du présent ukase ; 2° dans tous les autres cas de succession *ab intestat* , ainsi que dans les successions testamentaires, le ressortissant étranger est tenu de vendre à un sujet Russe. dans l'espace de trois ans, les biens qu'il a recueillis. En cas de non-exécution de cette disposition, le bien recueilli par la succession est mis en tutelle par ordre de l'autorité provinciale et vendu aux enchères publiques par la régence provinciale compétente. Le produit de cette vente, déduction faite des frais de tutelle, est remis à l'héritier.

« Toute transaction conclue dans le but d'enfreindre ou d'éluder le présent ukase est nulle et non-avenue. »

La *Suède* pose le principe de réciprocité en matière successorale.

CHAPITRE XXIV

OBLIGATIONS ET CONTRATS

Avant d'examiner les *contrats* au point de vue international, il est nécessaire de donner la définition du mot *contrat* suivant la loi française, ainsi que l'explication des différents modes qui peuvent en changer la nature. Quelques-unes des règles posées par notre code compléteront ce court préambule.

Le *contrat* est une convention par laquelle une ou plusieurs personnes s'obligent, envers une ou plusieurs autres, à donner, à faire, ou à ne pas faire quelque chose, Lorsque les contractants s'obligent réciproquement les uns envers les autres, le contrat est *synallagmatique*; il est *unilatéral* lorsqu'une ou plusieurs personnes sont obligées envers une ou plusieurs autres, sans que de la part de ces dernières il y ait d'engagement. Le contrat est *à titre onéreux* lorsqu'il assujettit chacune des parties à donner ou à faire quelque chose (1).

(1) Code Civil, art. 1101 et suivants.

Les conditions essentielles pour la validité d'une convention sont :

1° Le consentement de la partie qui s'oblige,

2° Sa capacité de contracter,

3° Un objet certain qui forme la matière de l'engagememt,

4° Une cause licite dans l'obligation.

Les conventions légalement formées tiennent lieu de loi à ceux qui les ont faites ; elles doivent être exécutées de bonne foi.

On doit, dans les conventions, rechercher quelle a été la commune intention des parties contractantes, plutôt que de s'arrêter au sens littéral des termes. Ce qui est ambigu s'interprète par ce qui est d'usage dans le pays où le contrat est passé (art. 1159.)

Les obligations prennent le plus souvent fin par le paiement, par la compensation, ou par la novation.

La *compensation* s'établit lorsque deux personnes sont réciproquement débitrices l'une de l'autre d'une chose de même espèce, par exemple d'une somme d'argent.

La *novation* s'opère de trois manières :

1° Lorsque le débiteur contracte envers son

créancier une nouvelle dette *substituée* à l'ancienne, qui est éteinte ;

2° Lorsqu'un nouveau débiteur est substitué à l'ancien ;

3° Lorsque, par effet d'un nouvel engagement, un nouveau créancier est substitué à l'ancien, envers lequel le débiteur se trouve déchargé. (art. 1271.)

Les conventions et contrats passés à l'étranger s'apprécient, au point de vue de leurs formes et de leurs effets, suivant la loi du pays où ils sont intervenus — c'est l'application du principe de droit international *locus regit actum*. Il est cependant de toute évidence qu'un contrat, réunissant dans le pays où il a été fait toutes les conditions requises de validité, ne saurait avoir d'effet dans un pays où ses clauses contreviendraient à l'ordre public ou aux bonnes mœurs.

La France, l'Angleterre, et les Etats-Unis appliquent toujours la loi du lieu ou le contrat a été passé et où il doit être exécuté.

Le Code Civil Autrichien admettant l'égalité, devant la justice, des nationaux et des étrangers, fait l'application du même principe.

La jurisprudence allemande décide à l'égard des commis-voyageurs, considérés dans les contrats qu'ils passent en Allemagne, comme mandataires d'un étranger, que la loi interprétative de ces contrats doit être celle de leurs mandants.

La jurisprudence du Grand-Duché de Luxembourg décide que le contrat de gage doit être apprécié et interprété d'après la législation étrangère, lorsque les titres ont été remis à l'étranger. (Arrêt de la Cour de Cassation ; Luxembourg, 12 Juin 1888. (1)

Un jugement intéressant a été rendu par le Tribunal de Commerce de Paris, le 5 Décembre 1895, au sujet d'un contrat de prêt passé en Angleterre. On sait que la loi de 1807 fixe en France le taux de l'intérêt à 5 pour 0/0 en matière civile et à 6 0/0 en matière commerciale. Or, les lois anglaises ne faisant pas de l'usure un délit, laissent aux contractants toute liberté pour la fixation du taux d'intérêt.

Il s'agissait dans l'espèce, (2) d'un prêt consenti en Angleterre à un Français, au taux de 20 0/0.

Le tribunal — considère, dans son jugement, qu'on doit se placer pour apprécier la validité d'une convention, au point de vue de la législation

(1) VINCENT, *Revue Pratique de droit international.*
(2) *Gazette des Tribunaux,* du 7 Février 1896.

du pays où elle a été passée ; et que, par suite *« la stipulation d'intérêts supérieurs au taux fixé par la loi française, dans un contrat parfait en Angleterre tant pour sa convention que pour son exécution, est valable et doit être sanctionnée par les Tribunaux français, du moment où elle ne fait pas échec à la législation du pays ni a une loi d'intérêt général française. »*

APPENDICE

Allemagne

a) Toute offense envers l'Empereur est punie de deux mois de prison au moins, et de cinq ans au plus.

b). Toute offense envers un membre de la famille impériale est punie de un mois à trois ans de prison.

c). Celui qui aura causé un scandale en blasphémant publiquement contre Dieu, ou aura publiquement outragé un culte chrétien reconnu, sera puni de trois ans de prison, au maximum.

d). Toute provocation en duel, ainsi que l'acceptation du défi, est punie de six mois de détention, au plus. Le duel lui-même entraîne la peine de trois mois à cinq ans.

(1) D'après la traduction de M. Alex. Ribot. — Annuaire de Législat. Etrang.

Le duelliste qui tue son adversaire est puni de deux ans de prison au moins. Les seconds, les témoins, les médecins et chirurgiens requis pour assister au combat, sont exempts de peine.

e). La loi du 3 juillet 1893 frappe de trois ans de détention dans une enceinte fortifiée, et d'une amende qui peut aller à 5000 marks (6,250 francs), quiconque s'est procuré ou a examiné des dessins, écrits, ou *autres documents* (1), dont le secret intéresse la défense du pays : et cela, même en dehors de l'intention de compromettre la sécurité de l'Empire d'Allemagne.

La simple tentative est punissable.

Angleterre.

Les lois pénales anglaises ne sont pas codifiées ; nous ne pourrions donc nous livrer à ce sujet, qu'à une analyse générale qui sortirait du cadre de notre travail.

(1) Il est bon de se tenir en garde contre l'élasticité des termes « *autres documents.* » Les touristes amateurs de photographie devront agir avec la plus grande prudence, et s'assurer, avant d'opérer, qu'aucun ouvrage fortifié ne se trouve dans le champ de leur objectif.

Nous indiquerons seulement, dans l'intérêt des voyageurs, une loi du 8 août 1878, qui accorde aux aubergistes un privilège sur les bagages du voyageur. Lorsqu'il s'est écoulé six semaines depuis le départ sans paiement, l'aubergiste peut faire vendre les objets abandonnés ou laissés en gage. La seule formalité à accomplir est une publication faite, un mois avant la vente, dans un journal.

Belgique.

a) Le port d'une arme prohibée est puni de 26 à 200 fr. d'amende.

b) La provocation en duel est punie de 15 jours à trois mois de prison, et d'une amende de 100 à 500 fr.

Celui qui aura blessé son adversaire sera puni de 2 mois à un an de prison, et d'une amende de 300 à 1500 fr.

S'il est résulté de la blessure une maladie ou une incapacité de travail, la peine sera de 3 mois à deux ans de prison, et de 500 à 2000 fr. d'amende ;

S'il est résulté de la blessure une incapacité de travail permanente, ou la perte absolue d'un organe, ou une mutilation grave, la peine sera de six mois à trois ans de prison, et de 1000 à 3000 fr. d'amende ;

Si la mort est résultée du duel, la peine sera de un à cinq ans de prison, et de 2000 à 10,000 fr. d'amende.

Dans ces quatre cas, les témoins sont punis d'un mois a un an de prison, et d'une amende de 100 à 1000 francs.

c) *Contraventions*. — Quiconque aura cueilli, et mangé sur le lieu même, des fruits appartenant à autrui, encourra 1 à 10 fr. d'amende.

Ceux qui auront passé ou fait passer leurs chiens sur le terrain d'autrui, préparé ou ensemencé, seront punis d'une amende de 1 à 10 fr.

Tout tapage nocturne est punissable de 10 à 20 fr. d'amende, et de 1 à 5 jours de prison, ou de l'une de ces deux peines seulement.

Les actes de cruauté ou les mauvais traitements excessifs envers les animaux, donnent lieu à une amende de 10 à 20 fr. La prison peut être prononcée (max : 5 jours)

Lorsque dans les cas prévus au chapitre des contraventions il y a lieu d'admettre des circonstances atténuantes, l'amende pourra être réduite au-dessous de cinq francs, sans qu'elle puisse, en aucun cas, être inférieure à un franc.

d) Une importante loi du 7 Juillet 1865, sur les *Étrangers*, est ainsi conçue :

« L'étranger résidant en Belgique qui, par sa conduite, compromet la tranquillité publique, peut être contraint par le gouvernement de s'éloigner d'un certain lieu, ou même de sortir du royaume.

« L'étranger autorisé à établir son domicile dans le royaume, et l'étranger décoré de la Croix de Fer, ne peuvent être l'objet d'une telle mesure.

« Il sera accordé à l'étranger frappé d'expulsion, un délai d'un jour au moins.

« Si l'étranger auquel il aura été enjoint de sortir du royaume rentre sur le territoire, il pourra être poursuivi, et il sera condamné pour ce fait à un emprisonnement de 15 jours à six mois, et, à l'expiration de sa peine, il sera reconduit à la frontière. »

e) Une convention intervenue entre la France et la Belgique, à la date du 2 avril 1886, dispose que les parties contractantes s'engagent à poursuivre ceux de leurs nationaux qui auraient commis sur le territoire de l'autre État des infractions en matière de chasse, de la même manière, et par application des mêmes lois que s'ils s'en étaient rendus coupables dans leur pays.

Danemark (1).

a). Les jours de fête de l'église Nationale, tous les travaux qui, par le bruit qu'ils causent, peuvent troubler le repos des jours fériés, sont interdits à partir de neuf heures du matin. Tous transports de marchandises sont interdits à Copenhague et autres villes marchandes. Pendant le même temps les ventes et achats dans les rues sont prohibés, et les magasins doivent être fermés : exception est faite en faveur des pharmacies et des boulangeries.

Les contraventions à cette loi (1ᵉʳ Avril 1892), sont punies d'une amende de une à cent couronnes.

b). Une loi du 15 Mai 1875 dispose : l'*étranger* qui veut s'engager comme ouvrier, doit s'adresser au commissaire de police. Ce magistrat fait une enquête ; si le résultat en est favorable, il délivre

(1) D'après la traduction de M. G. Cogordan, attaché au ministère des Aff. Etr. — Annuaire de Législation Etrangère.

à l'étranger un livret de séjour qui, en cas de voyage, doit-être présenté à la police dans chaque ville. L'étranger qui reste huit jours sans travail peut être expulsé.

Toutefois, l'étranger ne peut être expulsé que s'il n'est fixé sur le territoire danois que depuis moins de deux ans.

c). Une loi du 12 Avril 1889 punit d'une amende de 2 à 100 couronnes le propriétaire d'un chien qui a causé à une personne un dommage quelconque, tel que morsures, déchirure de vêtements, sans préjudice de l'indemnité à laquelle des blessures pourraient donner lieu. Si c'est la seconde fois que le fait se produit, la police peut obliger le propriétaire du chien à le faire abattre.

Espagne (1).

a). Quiconque se moquera publiquement de quelqu'un des mystères ou sacrements de l'église ou excitera à les mépriser de toute autre manière sera puni de la prison correctionnelle.

(1) LAGET VALDESON ET L. LAGET, *Code pénal espagnol.*

b). En matière de duel, lorsque l'arrestation préventive des adversaires a pu être opérée, on exige d'eux l'engagement d'honneur de renoncer à leur projet.

Lorsque le duel a lieu et qu'il en résulte la mort, celui qui l'a donnée est frappé de la prison majeure ; si la blessure n'a occasionné qu'une incapacité de travail de plus de trente jours, la peine sera celle de la prison mineure.

Les parrains d'un duel suivi de mort ou de blessure sont punis comme auteurs s'il ont poussé les adversaires au duel. S'ils n'ont pas fait tout ce qu'ils pouvaient faire pour réconcilier les parties, la peine sera de l'arrêt majeur et d'une amande de 250 à 2500 francs.

c). Celui qui blasphème publiquement Dieu, la Vierge, les Saints ou les choses sacrées, ou qui commet de simples irrévérences dans les temples ou à leurs portes, sera puni de la réprimande, et d'une amende de 15 à 75 francs.

d). Celui qui, en paroles, et dans l'irritation de la colère, menacerait un autre individu de lui causer un mal qui constitue un délit, et qui ensuite, se montrerait repentant, sera puni d'une amende de 25 à 75 francs, et des arrêts de cinq à quinze jours.

e). Celui qui cacherait ses vrais prenoms et noms à l'autorité ou personne ayant le droit d'exiger qu'il les fasse connaître, sera puni des arrêts de un à quatre jours, et d'une amende de cinq à vingt francs.

f). Celui qui entrerait dans la propriété d'autrui pour y cueillir des fruits et les manger sur le moment même, serait puni d'une amende de 2 fr. 50 à vingt francs.

g). Les étrangers des deux sexes, majeurs de quatorze ans, résidant domiciliés dans les provinces d'Espagne et les îles adjacentes, sont soumis à l'impôt de la cédule personnelle.

Hongrie (1)

a). Quiconque outrage le roi sera puni de deux ans de prison. Celui qui commet l'outrage par l'exposition publique ou la distribution d'écrits, d'imprimés, ou par des représentations figurées, sera puni de trois ans de prison au maximum.

L'outrage à l'un des membres de la famille

(1) D'après le « Code Pénal Hongrois » par MM. Martinet et Dareste.

royale, est puni d'un an de prison au maximum. Il est à remarquer que dans ces deux cas, le mot « *outrage* » n'est pas clairement défini, et qu'il peut ainsi s'appliquer à un grand nombre de faits et d'actes.

b). La provocation au duel et l'acceptation de la provocation constituent un délit, et sont punies de six mois de prison d'Etat, au maximum. La même peine est applicable aux témoins.

Celui qui blesse son adversaire est puni de deux ans de prison d'Etat au maximum. Si le blessé perd un membre ou l'usage d'un sens, ou s'il résulte de la blessure une infirmité incurable, la peine sera de trois ans de prison d'Etat, au maximum.

Celui qui a tué son adversaire, même si la mort n'est pas survenue sur le champ, sera puni de cinq ans de prison d'Etat au maximum.

c). Celui qui, sans une autorisation de l'autorité compétente, lève un plan ou dessin d'ensemble ou partiel de la situation ou des moyens de défense d'une place forte, d'une forteresse, ou d'un camp fortifié destiné à la défense, sera puni au maximum de deux mois d'arrêts et d'une amende de 300 florins.

d). La mise en liberté conditionnelle qui, dans

certains cas, peut être appliquée aux sujets hongrois, ne peut *jamais* l'être aux *étrangers*.

e). Quiconque, en cas d'émeute ou d'attroupement, ne se soumet pas aux mesures prises par l'autorité, peut être puni de huit jours d'arrêt.

f). Quiconque, publiquement, tourne en dérision une religion reconnue par l'État, hors du lieu consacré au culte, est puni de huit jours d'arrêts au maximum.

g). Quiconque n'inscrit pas ses noms, profession et domicile sur les registres proscrits dans les hôtels ou auberges pour faire connaître les *étrangers*, lorsqu'il en a été mis en demeure, sera puni d'une amende de cinquante florins au maximum. S'il a inscrit de faux noms ou de fausses indications, l'amende sera de cent florins.

h). Celui qui, en public, tourmente ou maltraite un animal, peut être puni de huit jours d'arrêts, et d'une amende de cent florins au maximum.

Italie (1).

a). Sera puni d'une amende pouvant s'élever à 500 francs, tout individu qui en aura provoqué un

(1) *Le Code pénal italien*, par M. Edmond TURREL.

autre en duel, alors même que la provocation n'aura pas été acceptée. Il n'y a pas de pénalité au cas où la provocation a eu lieu sous le coup d'une insulte grave ou d'un grave affront.

Le duelliste qui tue son adversaire est puni de six mois à cinq ans de détention ;

Celui qui aura causé une blessure ayant entraîné une maladie incurable, la perte d'un sens ou d'un organe, ou défigurant la victime, sera puni d'un mois à deux ans de détention :

Tout autre blessure entraînera pour son auteur quatre mois de détention au maximum.

Les témoins seront punis d'une amende de cent à mille francs si le duel n'a entraîné aucune blessure ; dans les autres cas, la peine serait de dix-huit mois de détention, à moins qu'ils n'aient fait avant le duel, de sérieuses tentatives de conciliation.

b) Sera puni d'une amende de 300 francs au maximum, tout individu qui, ayant reçu pour bonnes des pièces dont la valeur totale dépasserait dix francs, et les ayant ensuite reconnues contrefaites ou altérées, ne les aura pas, dans les trois jours, consignées à l'autorité.

c) Quiconque aura porté, hors de sa demeure et de ses dépendances, des armes, sans autorisation, sera puni des arrêts, savoir : pendant quatre mois au plus s'il s'agit d'un pistolet ou d'un revolver; un mois à un an, s'il s'agit d'une arme dite *insidieuse* (stylet, poignard, couteau, canne à épée). Ces peines sont augmentées d'un tiers si le port d'armes a lieu dans une réunion.

d) Quiconque laissera des armes chargées à la disposition de personnes âgées de moins de quatorze ans, ou de toute autre personne incapable de manier ces armes avec discernement, sera puni d'une amende de cent francs, s'il n'a pas pris les précautions nécessaires pour qu'on ne puisse s'emparer facilement de ces armes.

e) Tout individu qui sera trouvé participant à un jeu de hasard dans un lieu public ou ouvert au public, sera puni d'une amende qui pourra s'élever à 500 francs.

f) Quiconque exercera des cruautés envers les animaux, leur infligera de mauvais traitements sans nécessité, ou des fatigues manifestement excessives, sera puni d'une amende qui pourra s'élever à cent francs.

Suède (1)

a) Quiconque causera un scandale public en outra
geant Dieu, ou en tournant en dérision la Sainte
Parole de Dieu, sera puni de l'emprisonnement
pendant un an au maximum, ou d'une amende.

b) Quiconque tournera en dérision le service
divin, sera puni de l'amende ou d'un emprisonnement de six mois au plus (2) .

c) Les étrangers, hommes ou femmes ne peuvent exercer le commerce, l'industrie ou une
profession quelconque, qu'avec une autorisation
spéciale du Gouvernement accordée après enquête.
L'étranger doit adresser sa demande à la lieute-
nance générale, à Stockholm ; au Préfet, dans les
autres lieux. On doit joindre à cette demande
un certificat ou acte quelconque constatant la
majorité du postulant, et l'indication d'une caution solvable pour la garantie des impôts pendant
trois ans.

A chaque expiration d'une période de trois ans,
l'étranger doit renouveler la caution (3).

(1) D'après la traduction de Mr P. Dareste, Avocat au Conseil d'État.
(2) Loi du 28 Octobre 1887.
(3) Loi du 20 Juin 1879.

d) Les parents doivent déclarer la naissance de leurs enfants, sous peine d'amende, dans les six semaines, au pasteur, ou au ministre d'une religion non luthérienne habilité à recevoir les actes de l'État Civil (1).

(1. Loi du 11 Février 1887.

FORMULES

Acte de notoriété (pour la disparition d'une personne).

Par devant M^e... ont comparu... etc.

Lesquels ont déclaré avoir parfaitement connu M. X.. (profession) ayant demeuré à... rue... n°...

Et qu'il est à leur connaissance et de notoriété publique :

Qu'au mois de... 18... M. X... a quitté son domicile pour faire un voyage... (dans tel pays) ; que depuis cette époque il n'a pas reparu à son domicile et n'a donné de ses nouvelles à personne ; que ses biens et ses affaires sont restés sans administration ; que les recherches faites sur les causes de cette diparition et sur le sort de M. X... sont restées entièrement infructueuses ;

Que ces circonstances font présumer son décès ;

Que ses héritiers présomptifs sont... (nom, et degré de parenté.).

Contrat d'affrètement

Par devant Mᵉ... et son collègue, notaires à Bordeaux, a comparu : M. A... Lequel a loué et frété à M. B... qui l'accepte :

Le navire le... (nom du navire) de quinze cents tonneaux, attaché au port du Hàvre, capitaine... pour charger en plein et porter une cargaison de... en destination de... lui accordant... jours de chargement dans le port de... à compter du... et... jours pour le déchargement dans le port de... à compter du jour où il aura mouillé devant cette ville.

Cet affrètement est fait moyennant... francs par tonneau, que M. B... s'oblige à payer de la façon suivant...

En outre, M. B... sera tenu :

1⁰ de décharger en plein le navire loué ;

2⁰ de faire la décharge dans le délai fixé, à peine de... francs de dommages-intérêts par jour de retard ;

3⁰ de supporter tous les frais de la charge et de la décharge des marchandises, quelles que soient les difficultés qu'il puisse éprouver ;

4⁰ d'acquitter les frais, droits, et honoraires des présentes.

Au surplus, les parties seront tenues de se conformer aux dispositions des lois maritimes et du Code de Commerce, pour tout ce qui n'est pas prévu dans le présent contrat.

Pour l'exécution du présent, les parties ont élu domicile à...

Cession de brevet d'invention

Par-devant M^e... a comparu M. A... lequel a, par les présentes, cédé avec la garantie de droit, à M. B... qui l'accepte, la propriété de :

1° Un brevet d'invention pris en France par M. A... sous le numéro... pour une durée de... années qui ont commencé à courir le... et ayant pour objet...

Toutes les annuités de ce brevet ont été intégralement payées, ainsi que le constatent les récépissés délivrés par M. le Receveur central des finances du département de la Seine, le... sous les numéros...

2° Tous autres brevets d'invention que M. A... a pu prendre et pourra prendre par la suite tant en France qu'à l'étranger, relativement à la fabrication...

Le tout sans aucune restriction, soit pour le présent soit pour l'avenir.

Au moyen des présentes, M. B... aura seul droit, à compter de ce jour, à la propriété des brevets sus-énoncés ; et, à cet effet, M. A... le subroge expressément dans tous ses droits, sans aucune exception ni réserve.

La présente cession est consentie et acceptée moyennant la somme de... que M. A... reconnaît avoir reçue de M. B... à qui il en donne quittance.

M. B... déclare avoir reçu de M. A... les expéditions

des brevets désignés plus haut ; et pour la remise des expéditions de tous autres brevets et de tous certificats d'addition ou de perfectionnement, M. A... subroge M. B... dans tous ses droits pour en obtenir la délivrance de qui il appartiendra.

Déclaration, en vue de réclamer la qualité de Français.

L'an mil huit cent... le... du mois de... par devant nous, juge de paix du canton de... s'est présenté le sieur X... (nom, prénoms, profession), né le..., à..., lequel nous a déclaré que son père (nom, prénoms, date et lieu de naissance), ayant perdu la qualité de Français en... (indiquer la cause qui a fait perdre cette qualité), il réclamait la qualité de Français par application de l'article 10 du Code civil.

Le sieur X... nous a déclaré en outre que, bien que né en France, il n'y habitait pas lors de sa majorité, et qu'il n'a pas été appelé à prendre part au recrutement.

A l'appui de sa déclaration, le sieur X... nous a remis :

1° Son acte de naissance ;

2° L'acte de naissance de son père :

3° La pièce qui atteste que son père a perdu la qualité de Français ;

4° Le certificat officiel dûment légalisé établissant le domicile du déclarant lors de sa majorité ;

5° L'extrait du casier judiciaire.

Toutes les pièces ci-dessus énumérées seront annexées à la déclaration qui sera transmise au Ministère de la justice pour y être enregistrée, cette formalité étant prescrite par la loi à peine de nullité.

Étaient présents : le sieur... (nom, prénoms, profession, âge, domicile), et le sieur...(mêmes indications); lesquels nous ont attesté l'individualité du déclarant, ont déclaré que ce qui précède est à leur connaissance personnelle, et ont signé avec le déclarant et nous, juge de paix, après lecture faite.

Même déclaration, lorsque le réclamant est marié et père de famille

.... Le sieur X... nous a déclaré en outre que de son mariage étaient nés à l'étranger... enfants (Nom, prénoms, dates et lieux de naissance des enfants), et que, voulant assurer définitivement à ceux-ci la qualité de Français qu'ils viennent d'acquérir par le fait de sa déclaration, il renonce en leur nom au droit que leur confère l'article 12, § 3 du Code civil, de décliner cette qualité dans l'année de leur majorité.

A l'appui de sa déclaration, le sieur X... nous a remis les actes de naissance de ses enfants ci-dessus prénommés.

Ensuite est intervenue la dame (nom, prénoms, date et lieu de naissance), épouse du déclarant, laquelle, mise en demeure de faire connaître si elle désirait suivre son mari dans sa nouvelle nationalité, nous a répondu affirmativement, et a déposé entre nos mains une demande sur papier timbré tendant... (à la naturalisation, si elle est d'origine étrangère ; à la réintégration, si elle d'origine française); et son acte de mariage.

(Dans le cas où la réponse est négative, il en est fait simplement mention).

Reconnaissance d'enfant naturel par acte authentique

Par-devant M⁰...

A comparu,

M. A..., (nom, qualité, domicile) lequel a, par ces présentes, volontairement reconnu pour son fils naturel, l'enfant inscrit aux registre de l'état civil de..., à la date du..., sous les noms de..., comme étant né le même jour de demoiselle B.., et de père inconnu.

Consentant qu'à l'avenir le dit enfant porte le nom de M. A.., son père, et que mention des présentes soit faite sur tous registres et actes que besoin sera.

Dont acte,

Fait et passé à.., etc.

La lecture du présent acte au comparant, et la signature par ce dernier, ont eu lieu en présence des deux témoins (*ou* de M⁰..., notaire en second.).

Acte de Société en nom collectif

Entre les soussignés, X... (nom, profession) demeurant à. . rue... n°... ; d'une part ;

Z. (nom, profession, domicile) d'autre part ;

J. (nom, profession, domicile) aussi d'autre part,

Est intervenue la convention suivante :

Art. 1. Il est formé entre les soussignés une société pour le commerce de... (ou, pour l'exploitation de...)

Art. 2. La dite Société est établie pour... années qui commenceront le... pour finir le... La raison sociale sera X... et compagnie, et élection de domicile est faite en la demeure du dit X...

Art. 3. Elle sera administrée en commun, mais X... aura seul le droit de signer sous la raison sociale, et sa signature obligera tous les associés.

Art. 4. Le capital de la Société sera de... dont chaque associé s'engage à verser le tiers dans la caisse sociale le... (indiquer l'époque du versement).

Art. 5. Les profits ou les pertes de la société seront partagés ou supportés par tiers, entre les associés.

Art. 6. Chaque année il sera fait un inventaire de tout ce qui composera le bilan de la Société ; si la Société est en pertes, chaque associé devra remettre dans la caisse le tiers de la somme nécessaire pour que le capital social soit toujours de...

Art. 7. Si, dans le cours de la Société, un des associés jugeait à propos d'y verser des fonds, il lui en serait payé un intérêt de... 0/0 ; il pourrait retirer les dits fonds de la Société, en faisant connaître son intention... mois à l'avance.

Art. 8. Aucun des associés, ne pourra faire le commerce que pour le compte de la Société.

Art. 9. En cas de décès de l'un des associés, la mise sociale de cet associé et sa part dans les bénéfices seront rendues à ses héritiers, et la Société continuera entre les associés survivants.

Art. 10. Si pendant la durée de la Société ou lorsqu'elle sera expirée, il survenait des contestations entre les associés, elles seraient portées devant les arbitres désignés par les associés, ou devant le Tribunal de Commerce.

Fait triple (ou quadruple, etc) à... le... (date.)

Acte de Société en Commandite

Entre les soussignés (noms prénoms, profession, domicile des contractants) ;

A été convenu ce qui suit :

Art. 1. X... déclare associer à son commerce, Z., pour partager avec lui les bénéfices qui pourraient résulter de ce commerce, de la manière qui va être fixée ; et supporter en commun les pertes s'il en survient, de telle manière pourtant que, quelles que soient ces pertes, elles ne puissent, à l'égard de Z... excéder la mise de fonds dont il va être parlé.

Art. 2. La présente Société est formée pour... années qui commenceront le... pour finir le...

Art. 3. M. Z... s'engage à verser entre les mains de X... la somme de... aux époques suivantes...

Art. 4. La dite somme sera employée en entier par X... pour les besoins du commerce.

Art. 5. X... gerera seul la société ; en conséquence il fera tous les achats, fera les ventes et négociations, choisira et remplacera à son gré le personnel, sans que Z... puisse donner des ordres ou s'immiscer de façon quelconque dans les affaires de la société.

Art. 6. Néanmoins, Z.., aura la faculté de prendre communication, sans déplacement, de tous les registres, livres, écritures et correspondances, et même de s'en faire délivrer des extraits.

Art. 7. Il sera fait tous les six mois un état de situation de la société, et les bénéfices seront partagés dans les proportions indiquées ci-après.

Art. 8. (Indication de la part que percevra le commanditaire, proportionnellement à sa mise de fonds).

Art. 9. A l'expiration de la société, inventaire sera fait dans la forme ordinaire ; Z... prélèvera sur la masse active le montant de sa mise de fonds, et le surplus sera partagé entre les associés, par moitié (*ou* : dans la proportion de...)

Art. 10. La société sera dissoute par la mort de l'un des associés. (*Ou* : en cas de décès de l'un des associés, la société continuera entre le survivant et les héritiers du décédé.)

12

Art. **11.** En cas de contestation entre les associés, le différend sera porté devant le Tribunal de commerce.

Fait double à..., le...

Acte de société anonyme

Entre les soussignés (noms, professions, domiciles);

Et tous les propriétaires des actions ci-après créées,

Il est formé une société anonyme ayant pour objet l'exploitation, (*ou* la vente, *ou* la fabrication) de...

Art. 1. — La société prend la dénomination de...

Art. 2. — Elle a son siège à Paris, rue... n°...

Art. 3. — La durée de la société est fixée à 20 ans qui commenceront à courir du jour de sa constitution définitive.

Art. 4. — Cette constitution n'aura lieu qu'après la souscription totale des actions, et le versement du quart; qu'après l'approbation, par l'assemblée générale, de la valeur des apports, et la nomination des membres du conseil d'administration et des commissaires.

Art. 5. — Exposé des apports...

Art. 6. — Fonds social; nombre des actions émises...

Art. 7. — Le montant des actions est payable en... versements. Chaque souscripteur a la faculté de payer, en souscrivant, le montant des deux premiers versements; il en est délivré un reçu nominatif qui sera échangé contre un titre provisoire dans les deux mois de la constitution définitive. Ce titre provisoire sera lui-même échangé, lors du dernier versement, contre un titre définitif, nominatif ou au porteur, au choix de l'actionnaire.

Art. 8. — La cession des actions nominatives s'opère par un transfert sur les registres de la société, signé par le cédant, le cessionnaire, et l'un des administrateurs.

Art. 9. — Il sera dressé, chaque semestre, un état sommaire de la situation active et passive de la société.

Art. 10. — Le paiement des dividendes se fait annuellement, aux époques fixées par le conseil d'administration.

Art. 11. — La Société est administrée par un conseil d'administration de douze membres (au minimum 7).

Art. 12. — Chaque administrateur doit être propriétaire de... actions, au moins, affectées à la garantie de la gestion ; elles sont inaliénables.

Art. 13. — Les fonctions des administrateurs durent six ans ; ils peuvent être réélus.

Art. 14. — Le conseil d'administration est investi des pouvoirs les plus étendus pour l'administration et la gestion de la société.

Art. 15. — Trois commissaires sont nommés dans la première assemblée générale de la société ; leurs fonctions durent un an ; ils peuvent être réélus.

Art. 16. — Les commissaires sont chargés de faire un rapport à l'assemblée générale, sur la situation de la société, sur le bilan, et sur les comptes présentés par les administrateurs. Ils peuvent, en cas d'urgence, convoquer l'assemblée générale.

Art. 17. — L'Assemblée générale se réunit chaque année ; elle est présidée par le président du conseil d'administration ; les deux plus forts actionnaires présents remplissent les fonctions de scrutateurs ; le secrétaire est désigné par le bureau.

Art. 18. — Les délibérations sont prises à la majorité des voix.

Art. 19. — Des associés représentant le vingtième au moins du fonds social, peuvent, dans un intérêt commun, charger à leurs frais, un ou plusieurs mandataires d'intenter une action contre les administrateurs à raison de leur gestion, sans préjudice de l'action que chaque associé peut intenter individuellement, en son nom personnel.

Testament olographe

Ceci est mon testament :

J'institue A... mon légataire universel, à charge pour lui d'acquitter les legs particuliers suivants :

Je donne à B . (telle chose, ou telle somme).

Je donne à C... etc., etc.

Je nomme pour exécuteur testamentaire D... et le

prie d'accepter, en reconnaissance du service que je lui demande... (tel objet...)

Tout autre testament ou toute autre disposition testamentaire antérieurs au présent testament sont et demeurent annulés.

Le présent est fait par moi, sain d'esprit sinon de corps, écrit, daté et signé tout entier de ma main.

A Paris, le douze janvier mil huit cent...

(Signature et adresse.)

Testament en mer

Lorsque le testament n'est pas olographe, il est reçu par un officier supérieur ou par le commandant :

Par-devant (indication du nom, du grade de l'officier).

Et en présence de... témoins appelés conformément à la loi ;

A comparu le sieur... (nom et qualités), lequel a dicté en présence des témoins, son testament ainsi qu'il suit, etc.

TABLE DES MATIERES

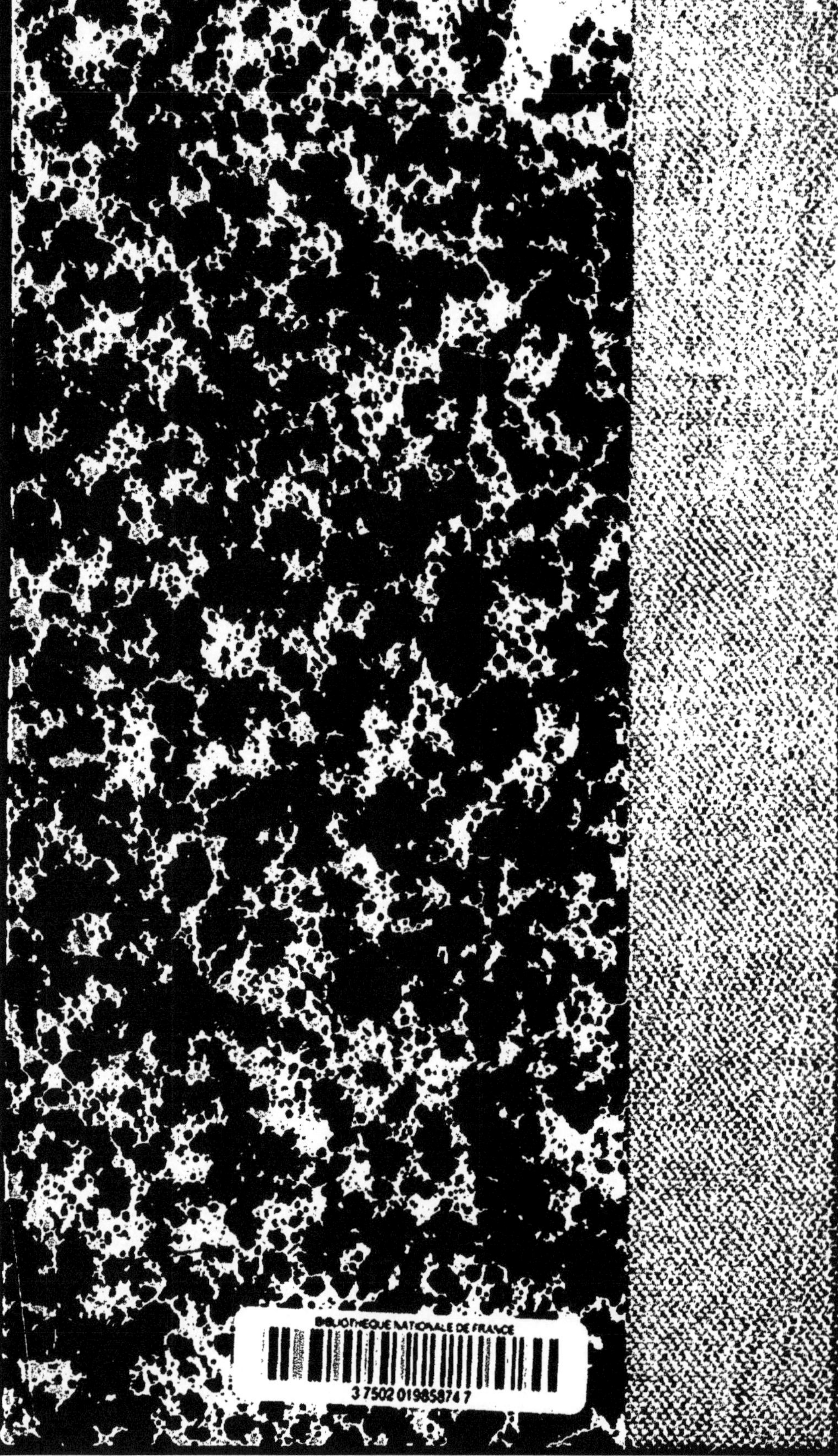